KB268787

가슴으로
답하라
꿈을 이룬 사람들처럼

가슴으로 답하라, 꿈을 이룬 사람들처럼

초판 1쇄 발행 2013년 4월 8일  초판 3쇄 발행 2013년 5월 30일

지은이 김혜수  펴낸이 연준혁

출판2분사분사장 이부연
책임편집 윤서진

제작 이재승

펴낸곳 (주)위즈덤하우스 출판등록 2000년 5월 23일 제13-1071호
주소 경기도 고양시 일산동구 장항동 846번지 센트럴프라자 6층
전화 031)936-4000 팩스 031)903-3893 홈페이지 www.wisdomhouse.co.kr
종이 월드페이퍼 인쇄·제본 현문인쇄

값 13,000원  ISBN 978-89-6086-594-5 13320

* 잘못된 책은 바꿔드립니다.
* 이 책의 전부 또는 일부 내용을 재사용하려면
  사전에 저작권자와 (주)위즈덤하우스의 동의를 받아야 합니다.

가슴으로 답하라 : 꿈을 이룬 사람들처럼 / 김혜수 지음.
-- 고양 : 위즈덤하우스, 2013
    p. ;  cm

ISBN 978-89-6086-594-5 13320 : ₩13000

자기 개발[自己開發]

325.211-KDC5
650.1-DDC21                    CIP2013001609

# 가슴으로 답하라

**꿈을 이룬 사람들처럼**

김혜수 지음

위즈덤하우스

**프롤로그**

# 물으라. 답을 구할 것이요,
# 행하라. 뜻을 이룰 것이다!

"제 팔자 제가 꼰다."

잔뜩 뒤엉킨 삶의 타래에 고민하던 내게 한 선배는 그렇게 말했다. 야속했다. 꼭 내 잘못만은 아닌데. 나름으로 열심히 노력했는데다 내 탓이라니. 모든 게 내가 만든 상황이라니. 이렇게 억울할 데가 없었다. 운이 따르지 않은 것 같다거나 다음번엔 잘될 것이라거나 하는 위로는 못 해줄망정 냉정한 선배의 지적은 섭섭하기만 했다.

아마 이 책을 펼쳐 든 당신도 그때의 나처럼 '한다고 하는데 인생이 생각처럼 풀려주지 않는 쪽'에 속해 있을 것이다. 어쩐지 인생이 정체된 것 같은 두려움을 종종 마주하는 사람일 수도 있겠다. 혹은 벌써 이리됐나 싶은 낯선 나이의 무게와 이대로 계속 가면 어떻게 될까 하는 불안감에 때때로 사로잡히는 사람일지도 모른다.

여하튼 현재 인생의 방향을 좀 더 나은 쪽으로 돌려보고 싶은 사람일 것이다. 반갑다. 이 책은 바로 그런 이들과 나누고 싶은 책이다.

후에 돌이켜보니 '제 팔자 제가 꼰다'의 정작 중요한 핵심은 그 말 뒤에 있었다. 내가 꼬았다면 내가 풀 여지도 있는 것 아닌가. 세상을 바꿀 수는 없어도 나를 바꿀 수는 있다. 천지개벽은 못하더라도 내 인생만큼은 다만 조금이라도 개선할 힘이 나에게 있다. 내가 변하면 모든 것이 변한다. 요컨대 내 팔자 내가 펼 수 있다는 뜻이다.

물론 간단한 일은 아니다. 투쟁과 분투가 필요하다. 독서광으로 유명했던 해리 트루먼 미국 전 대통령은 수없이 많은 위인전을 읽는 동안 위인들에게서 한 가지 공통점을 발견했다고 한다. 바로 그들이 쟁취한 첫 번째 승리를 자기 자신과의 싸움에서 얻었다는 점이다. "내 인생은 왜 이럴까?"라는 모호한 장탄식으론 결코 그 승리를 끌어낼 수 없다. 인생을 바꿀 방법에 대해 제대로 된 답을 얻으려면 제대로 된 질문을 찾는 게 먼저다. 자신이 처한 문제를 정확히, 자세히 서술할 수 있다면 이미 반은 나아간 것이다.

인생은 수시로 우리를 저울에 단다. 때론 도전으로 때론 시련으로 때론 막다른 골목으로 지혜를 시험하고 용기를 촉구한다. 함량 미달인 자에겐 당연하게도 꿈을 이루는 기쁨도 주어지지 않는다.

이 책은 인생의 수많은 시험 앞에 적절한 질문을 던지고, 그 답을 찾아 실행에 옮겨 목표를 이뤄낸 인물들의 이야기다. 마이클 조던, 데즈카 오사무, 바비 브라운, 피터 드러커, 오프라 윈프리, 윈스턴 처칠……. 각 분야에서 일가를 이룬 이들도 누구나와 다름없이 일이 뜻대로 안 풀려 방황하고, 갈등하고, 고민하고, 굴욕당하고, 괴로워하던 때를 거쳤다. 이들에게 누군가의 질문 또는 스스로 던진 질문은 애써 외면했던 오류를 직시하고, 무기력을 떨쳐내고, 새로운 관점에 눈을 돌리고, 분발심을 북돋고, 지혜와 영감을 얻는 실마리가 되어줬다. 그들은 그에 대한 답을 찾았고, 답대로 나아갔다.

나에게 그랬던 것처럼, 이들의 질문과 그 답이 당신의 내면 에너지를 깨우고 꼬인 인생을 풀어나가는 결정적 실마리가 되었으면 한다.

**차
례**

**프롤로그** · 물으라. 답을 구할 것이요, 행하라. 뜻을 이룰 것이다! **5**


## CHAPTER 1 끌려가는가 아니면 끌고가는가?

**사는 게 다 그렇지, 않다 15**
**다시 그때로 돌아간다면 17**
**흐르는 대로 살다간 인생도 흘러가 버린다 19**
**축복의 질문, '이대로 살아도 될까?' 22**
**뭐라도 준비해야 쓸모가 생긴다 27**


## CHAPTER 2 어떤 일에 미쳐본 적이 있는가?

**자기계발도 맞춤식으로 31**
**끝장 노력이 답이다 32**
**미치면 통(通)한다 34**
**미치면 달(達)한다 36**
**미치면 성(成)한다 38**
**뇌를 매료시킨 관심사가 곧 승부처다 40**

### CHAPTER 3 나에게 가장 즐거운 일은 무엇인가?

재미, 일과 인생을 충만하게 하는 것 45
재능은 혼자 꽃피지 않는다 46
좋아하는 일을 하는 삶에 기쁨이 있다 50
성공은 계획 아닌 몰입의 산물이다 54
먹고 '질문하고' 사랑하라 58

### CHAPTER 4 내가 가장 하고 싶은 일은 무엇인가?

도전인가 도피인가 61
당신의 선택은 목표와 일치하는가 64
오를 산을 정하면, 반은 오른 것이다 69

### CHAPTER 5 오늘이 인생의 마지막이라면 무엇을 할 것인가?

'지금 이 순간'을 잡아라 77
인생엔 무한 반복이 없다 79
나중은 지금 치열한 사람에게 온다 81
오늘이 내 인생의 마지막 날이라면 85
기회는 늘 지금뿐이다 88

### CHAPTER 6 죽은 후에 어떤 사람으로 기억되고 싶은가?

껄.껄.껄. vs 껄껄껄 93
그들의 기억과 당신의 바람 사이 95
후회 최소화 프레임워크 사용법 99
다시 한 번 똑같이 살아도 좋다는 마음으로 101

### CHAPTER 7 내 삶은 나아가고 있는가?

'왕년'으로 먹고살 텐가 111
목표에 이르고 싶으면 달려라 114

노익장의 비밀은 평생공부다  116
참치처럼 헤엄쳐라  124


CHAPTER 8  지금보다 나아지려면 무엇을 해야 하는가?

실력은 경험과 노력의 합이다  127
'10년 법칙'의 함정  129
더 잘할 방법을 찾아라  133
'시간의 힘'을 잡는 법  141


CHAPTER 9  노력에 만족할 수 있는가?

천재도 만들어진다  147
비결은 '나름' 아닌 '남다른' 노력  150
남보다 더 노력하면 탁월해진다  156


CHAPTER 10  나는 최선을 다했는가?

태도는 몸으로 쓰는 자기소개서다  163
왜 최선을 다하지 않았나?  166
하려거든 제대로 하라  170
최선의 정의  172
스스로 감동하고 칭찬할 수 있는가  175


CHAPTER 11  나라고 못할 이유가 있는가?

굴욕에 대처하는 두 가지 자세  181
포기 대신 집념으로  183
좌절 대신 굳은 심지로  186
절망 대신 죽기살기로  189
열등감을 건강한 오기로 전환하라  192

## CHAPTER 12 이 시련은 왜 나에게 왔는가?

추락에도 미덕은 있다 **197**
피할 수 없다면 정면으로 응시하라 **198**
인생을 역전시키는 힘 **201**
잠재력 'X요소'를 끌어내라 **205**
우리를 시련에 들게 하소서 **208**
인생이 준비한 선물 **210**


## CHAPTER 13 '무엇' 다음으로 '어떻게'를 고민했는가?

꿈과 멀어진 인생을 사는 법 **215**
발붙인 현실에서 희망을 찾아라 **216**
차선도 최고가 될 수 있다 **222**
HOW가 WHAT을 이긴다 **225**


## CHAPTER 14 정말 불가능한가?

한계를 거부하면 약점도 극복된다 **231**
벼룩이라 불린 남자: "불가능이 뭔데?" **233**
촌뜨기라 불린 남자: "고졸이면 어때?" **237**
탓이냐 덕이냐, 그것이 열쇠다 **242**


## CHAPTER 15 자존심 때문에 기회를 놓치진 않았는가?

자존심이 밥 먹여주지 않는다 **247**
사랑보다 존중을 구하라 **248**
까짓 것, 기죽지 마라 **252**
쪽팔린 것 또한 지나가리라 **256**


에필로그 · Q & Act! **261**

# CHAPTER 1

# 끌려가는가
# 아니면
# 끌고가는가?

지금보다 더 가지고 싶다면 지금 당신 이상의 존재가 되라.

—짐 론

# 사는 게 다 그렇지, 않다

"이렇게 살 수도 없고 / 이렇게 죽을 수도 없을 때 / 서른 살은 온다."

1980~1990년대에 청년기를 지낸 사람이라면 이 강렬한 문장에 한 번쯤은 사로잡혀본 적 있으리라. 부수어지는 삶의 의미와 진정한 가치를 움켜쥐라고 결기 어린 어조로 역설하는 최승자 시인의 시 「삼십 세」의 첫 구절이다. 시대 상황은 달라졌지만 「삼십 세」의 시구는 이른바 '서른통'을 앓는 이들에게도 여전히 벼락같은 공감을 자아낸다.

청춘기를 지나 기성세대로 편입되면서 사람들은 크고 작은 감정의 격랑을 지나게 된다. 펄떡이는 감각과 발랄한 문제 제기 대신 무감한 순응과 미지근한 타협이 점차 익숙해지고, 손가락 사이로 '진짜 삶'이 뭉텅뭉텅 빠져나가는 듯한, 어쩐지 이대로 살아선 안 될 것 같은 불안과 초조가 불쑥불쑥 찾아든다.

하지만 많은 경우 그뿐이다. 격동은 이내 잦아든다. 아니 덮어버린다. 자신의 삶이 마뜩잖지만 딱히 현재를 떨치고 일어설 용기도 없다. '바쁘다'를 핑계 삼아 혹은 '사는 게 다 그렇지'라고 자위하며 일상에 함몰된 채 마흔 살 중년이 되고 쉰 살이 된다. 중년기에서 장년기로 넘어갈 무렵 아마도 이들에겐 버나드 쇼의 묘비명이 절절히 다가올 것이다.

"어영부영하다가 내 이럴 줄 알았지."

위의 이야기를 '내 인생의 시나리오'로 삼고 싶은 이는 아마도 없을 것이다. 하지만 매일 반복되는 일상에 떠밀려 아무 생각 없이 살다간 당신의 스토리도 같은 전철을 밟을 가능성이 높다.

문득, 가슴속에 '이대로 살아도 될까?' 하는 물음표가 찍힌다면 허송세월을 경고하는 인생의 신호일지 모른다. 그런데 많은 경우 물음표를 그냥 묻어버린다. 인생이 제대로 가고 있는지, 정말 진지하게 생각해본 적이 과연 언제였던가?

프랑스 사상가이자 시인이었던 폴 발레리 역시 이렇게 말했다.

"생각하는 대로 살지 않으면 사는 대로 생각하게 된다."

# 다시 그때로 돌아간다면

당신 앞으로 택배 상자 하나가 배달됐다. 발신인은 없다. 상자를 여니 커다란 탁상시계가 들어 있다. 자세히 살펴보니 눈금이 여느 시계와 좀 다르다. 1부터 12 대신 0부터 당신의 현재 나이까지의 숫자가 촘촘히 표시돼 있다. 시계 아래엔 이런 쪽지가 붙어 있다.

> "시곗바늘을 되돌리면 그 나이로 돌아갈 수 있음.
> 단, 기회는 딱 한 번뿐. 행운을 빔. - 신으로부터"

자, 당신은 어떻게 할 것인가? 과거를 되돌릴 수 있다면. 인생을 백지에서 다시 쓸 수 있다면. 그 '찬스'를 사용할 것인가?

> "나 돌아갈래!"

1999년 영화 「박하사탕」에서 설경구가 토해냈던 통한의 절규는 수십만 관객의 마음을 뒤흔들며 명대사로 남았다. 과거로 돌아갈 수 있다면, 그럴 수만 있다면 인생이 지금처럼 되진 않았으리라는 주인공의 안타까운 외침이 절절한 공감을 샀다. 영화를 보지 않은 이들에게도 그 대사만큼은 강렬한 한 줄로 기억되고 있다.

영화 속 주인공이 아니더라도 누구든 인생을 되돌려보고 싶은 지점이 있을 것이다. '그때 다른 길을 택했다면 어떻게 됐을까?' 하고 궁금해지는, 더 흔하게는 '그때 그러지 않았더라면…….' 하고 후회되는 순간 말이다. 본질적으로 선택의 연속인 인생에서 '가지 않은 길'에 대한 아쉬움이나 미련은 필연적인 부산물이기 때문이다.

언젠가 한 취업포털이 우리나라 20~30대의 98%가 과거로 돌아가고 싶다는 생각을 해봤다는 설문 결과를 내놓은 적이 있다. 돌아가고 싶은 시절은 제각각이었지만, 돌아가고 싶은 이유로는 '현재 상황에 만족하지 못해서'(60.7%)가 가장 많았다. 과거로 돌아간다면 두 명 중 한 명 이상(51.6%)은 공부를 더 열심히 하겠다고 했고, 전공이나 직업, 배우자를 달리 택했을 것이라는 대답도 많았다. 그리고 열 명 중 여덟 명 이상(85.7%)은 과거로 돌아간다면 만족할 만한 삶을 살 수 있을 것이라고 답했다.

그런데 과연 그럴까? 다시 돌아가면 정말 달라질 수 있을까?

이에 대한 대답은 '글쎄올시다……'이다. 그간 쌓은 경험과 지혜를 가지고 돌아가지 않는 이상, 과거로 돌아가 봐야 똑같은 선택을 할 가능성이 높다는 게 심리학자들의 공통된 목소리다. 경험이나 생각의 폭, 습관이나 취향 등이 그대로인데 전혀 다른 선택지나 삶의 방식을 고를 가능성은 높지 않다는 설명이다.

물론 인생의 시곗바늘을 되돌릴 수 있는 사람은 이 세상에 없다.

고민을 해보나 마나 현재 모습은 달라질 바 없으니 부질없는 공론이다. 그렇다면 좀 더 유익한 상상을 해보자. 지금 당신이 미래의 어느 지점에서 막 되돌아왔다고 말이다. 지금 이 순간부터 인생을 다시 시작하는 것이라고 말이다.

과거는 바꿀 수 없지만, 미래는 바꿀 수 있다. 그 키는 지금 당신 손에 있다. 키를 제대로 조종해 원하는 항구에 도달하려면 당신의 현재 위치와 뱃머리의 방향을 정확히 파악해야 한다. 삶이 궤도에서 어긋나려는 때, 스스로 경종을 울리는 질문으로 미래를 바꿔낸 두 영화배우의 이야기가 당신의 항해에 도움이 될지도 모르겠다.


# 흐르는 대로 살다간 인생도 흘러가 버린다

수많은 남자배우들이 인터뷰마다 롤모델로 가장 빈번히 꼽는 이름이 있다. 바로 알 파치노다.

167cm의 단신에 가진 것이라곤 몸뚱이 하나와 연기에 대한 열정뿐이던 청년. 스무 살 무렵 먹을 것과 잠잘 곳을 구하기 위해 몸을 팔아야 했을 만큼 가난했던 뉴욕 뒷골목의 연극배우 출신 알 파치노는 1969년 영화 「미, 나탈리」의 조연을 맡아 영화계에 데뷔했다. 그리고 1972년 프랜시스 코폴라 감독의 「대부」에서 배우로서

의 확고한 존재감을 쌓았다. 캐스팅 당시 제작사는 '배우답지 않은 외모'라며 탐탁지 않아 했지만, 알 파치노는 강렬한 연기와 압도적인 카리스마로 제작진과 관객을 사로잡았다. 「대부」의 테스트 편집본을 본 조지 루카스 감독의 부인이 "저 남자는 눈빛만으로 옷을 벗기는 능력이 있다"고 탄복했다는 일화가 전해질 정도였다.

「대부」의 히트에 이어 1974년 「대부 2」에서도 주연을 맡은 후 사방에서 러브콜이 쇄도했다. 책상엔 온갖 계약서와 사업제안서가 산더미처럼 쌓였고 일감은 차고 넘쳤다. 매니저를 맡고 싶다는 전화벨이 쉴 새 없이 울렸다. 어딜 가나 사람들의 시선에 휩싸였고 화려한 금발 미녀들이 줄을 섰다. 기자들은 그의 기사를 쓰지 못해 안달이었다. 일약 대스타가 된 것이다.

하지만 갑작스러운 인생 격변은 무절제와 방종으로 이어졌다. 하루가 멀다고 여자들과 염문을 뿌렸고 사람들의 시선과 입방아에 예민해진 신경을 누그러뜨리려 술과 마약에 손대기 시작했다. 뭔가 잘못되어 간다는 생각은 들었지만 유혹과 쾌락의 늪에서 헤어나긴 쉽지 않았다. 될 대로 되라는 심정으로 하루하루를 탕진했다. 훗날 알 파치노의 회고를 빌리면 "제대로 맛을 볼 수도, 느낄 수도 없는 삶"의 연속이었다.


한 바에서 술에 취해 몸을 가누지 못하던 어느 밤, 그는 불쑥 오랜 친구의 얼굴을 떠올렸다. 자신보다 자신을 더 잘 알아주던 찰리였다. 그는 알코올에 절어 덜덜 떨리는 손가락으로 찰리의 전화번호를 눌렀다.

얼마 후 그의 앞에 한 남자가 다가섰다. 테이블을 사이에 두고 마주 앉은 찰리의 눈엔 슬픔이 그렁그렁 맺혀 있었다.

“알, 지금 뭐 하고 있는 거야?”

그는 아무 대답도 할 수 없었다. 그저 술병을 들고 술잔에 부었다. 그리고 입에 털어 넣었다.

찰리는 낮은 음성으로 말을 이었다.

“네가 지금 뭘 하고 있는지 똑바로 봐. 원한다면 계속 그러고 살아. 그건 네 맘이니까. 하지만 지금 네가 어떻게 행동하고 있는지는 제대로 알아야 해. 정신을 놓지 마. 생각 좀 하고 살라고.”

어쩌면 뻔한 잔소리였다. 하지만 연민 어린 친구의 말엔 어딘지 심장을 찌르는 위엄이 담겨 있었다.

‘지금 난, 뭘 하고 있는가?’

스스로 이렇게 묻는 순간 그는 갑자기 유체이탈이라도 한 양 자신의 모습을 한눈에 볼 수 있었다. 두 눈이 풀린 채 독한 보드카 병을 쥐고 의자에 앉아 몸을 흔드는 알코올 중독자가 보였다. 그동안 애써 외면했던 망가진 자신이었다. 머릿속엔 브롱크스 빈민가 지하 하숙방에서 살던 무명배우 시절이 영화처럼 스쳐 지나갔다. 지독히도 가난했지만 연극에 미쳐 열정을 불태웠던, 제대로 맛보고 제대로 느끼며 행복해하던 시절이 사무치게 그리워졌다.

그는 자신의 행동이 삶을 갉아먹고 스스로를 노예로 만들고 있음을 깨달았다. 그리고 자신이 진정 원하던 삶은 할리우드 스타가 아닌 '배우'로 사는 것임을 기억해냈다. 그는 그 자리에서 병뚜껑을 닫았고 흐트러진 정신을 그러모았다.

삶의 고삐를 단단히 고쳐 잡은 그는 이후 오직 연기에 몸과 마음을 다했고, 70세가 된 지금도 이름만으로 그 영화에 기대를 품게 하는 명배우로 군림하고 있다.


## 축복의 질문, '이대로 살아도 될까?'

너무 빨리 인생의 정점에 이르는 것은 축복이 아닌 위기다. 내적 성숙이 물리적 변화를 따라잡지 못한 상태에서 성공이라는 급작스런 환경 변화를 감당하는 일이 쉽지 않기 때문이다.

십 대 소녀로 데뷔와 동시에 스타로 급부상했던 프랑스 여배우 소피 마르소는 한 인터뷰에서 당시의 기분을 "고통스러웠다"고 잘라 말했다.

"정말 힘들었어요. 끔찍할 정도였죠. 갑자기 뭔가가 막무

가내로 밀려 들어와 내 삶을 모두 잠식했어요. 다들 영화

하나로 일약 스타가 탄생하고 어린 배우를 새로 발견했다

는 드라마틱한 스토리에 환호했지요. 그때 내가 힘들다고

하면 그 흥이 깨질 게 분명했어요. 그러니 어디다 털어놓을

수도 없었죠. 혼자서 그 고통을 겪어야 했어요."(「중앙일보」

2012년 1월 28일)


성공을 감당하는 일은 그래도 낫다. 정점에 이르고 나면 남은 길
은 내리막이다. 그런데 갑작스러운 상승만큼이나 내리막 또한 급
경사이기 십상이다. 아이돌 스타나 비교적 젊은 나이에 최고점에
이르게 되는 운동선수나 너무 젊은 나이에 백만장자가 된 사람들
이 스포트라이트가 꺼진 후 남은 생을 방황 속에 사는 경우가 많은
이유도 이 때문이다.

소피 마르소와 더불어 미모로 80년대를 풍미했던 미국 여배우
브룩 쉴즈도 같은 길을 걸을 뻔했다.

'천상의 아름다움'이라는 수식어가 딱 들어맞는 세기의 미녀. '안
녕'이란 인사보다 '예쁘다'는 찬사를 듣는 일이 더 많았던 여자. 쉴
즈가 태어났을 때 사람들은 "세상에서 제일 예쁜 아기"라며 호들갑
을 떨었다. 태어난 지 불과 닷새째 되던 날, 그의 모친은 딸을 연예

계에 데뷔시키리라 결심했다. 11개월 무렵 아이보리비누 광고모델로 카메라 앞에 선 그는 장난감 대신 줄곧 카메라와 더불어 컸다. 쉴즈의 미모는 갈수록 광채를 발했고, 유명 모델 에이전시가 그를 위해 '아동모델부'를 신설했을 정도로 어린이 모델로 주가를 올렸다.

　10대가 되자 쉴즈는 당연하다는 듯 모델계 최고의 별로 떠올랐다. 14세 때 유명 패션잡지 『보그』와 『코스모폴리탄』의 최연소 표지모델이 된 그는 이듬해 캘빈클라인 청바지 광고에 관능적 자태로 등장하며 광고계에 파란을 일으켰다. 이 광고는 "나와 캘빈 사이엔 아무것도 없다"("You wanna know what comes between me and my Calvin's? Nothing.")는 선정적 카피로 인해 청소년을 성적으로 이용했다는 논란을 촉발시키기도 했지만 실로 엄청난 성공을 거뒀다. 광고가 나간 지 일주일 만에 청바지 40만 장이 팔려나갔고, 캘빈클라인은 디자이너 진이라는 새로운 시장을 개척하며 엄청난 브랜드 가치를 거머쥐었다.

　영화계라고 쉴즈를 가만 둘 리 없었다. 12세에 영화 「프리티 베이비」로 호평받은 후 「블루 라군」 등의 영화에 잇달아 출연했다. 하지만 '지나치게 빼어난 외모'가 연기에서 오히려 방해가 됐다. 제작사나 관객들은 그의 연기보다 미모를 탐닉했다. 이십 대를 앞두고 명문 프린스턴 대학에 진학하고 우수한 성적으로 졸업하는 등 다양한 화제의 중심에 섰지만 배우로는 뚜렷한 성과를 내지 못했다.

모델로 유례없는 성공을 거둔 화려한 삶. 어머니를 매니저로 28년여를 살았던 쉴즈는 30세를 얼마 남기지 않고 깊은 고민에 빠졌다. 가슴속에서 질문 하나가 떠나지 않았다.

'이대로 가면 어떻게 될까?'

당장 문제는 없었다. 하지만 이런 식으로 가다간 그저 그런 광고에 나가는 게 고작일 것 같았다. 새로운 도약이 필요했다.

답은 하나뿐이었다. 자신의 경력을 좀 더 효과적으로 운영할 길을 찾아야 했다. 다시 말하면 평생 함께해온 어머니를 떠나 전문 매니저 팀을 찾아야 한다는 뜻이었다. 물론 성공하리란 보장은 없었다. 하지만 그대로라면 미래는 뻔했다. 새로운 가능성을 위해 도박을 택하기로 했다.

그녀는 NBC TV 토크쇼 진행자인 빌 보그스와 했던 인터뷰에서 당시를 이렇게 회상했다.

"팀을 새로 꾸린다는 것은 내가 친숙했던 모든 것들을 떠난다는 의미였어요. 그 시스템 속에서 나는 모든 것을 훤히 알았고, 모든 걸 쉽게 처리할 수 있었죠. 어머니를 설득하는 것도 인간적으로 정말 어려웠고요." (빌 보그스, 『성공의 기술』, 다니엘 최·최우수 옮김, 행복우물, 2008, 179쪽)

하지만 도박은 주효했다. 시스템을 완전히 바꿔 탄 후 쉴즈는 배우로서 새로운 인생을 열게 됐다. 「서든리 수잔」, 「립스틱 정글」 등 TV 시트콤에 출연해 배우로서 재능을 새삼 주목받았고 이를 발판으로 브로드웨이로도 영역을 넓혔다. 「카바레」, 「원더풀 타운」, 「시카고」 등 유수 뮤지컬의 주연을 맡으며 흥행배우로 이름을 확고히 했다.

세월과 말단비대증의 후유증이 '세기의 미녀'라는 화려한 수식어를 거둬갔지만 40대 중반이 된 그를 캐스팅하겠다는 콜은 여전히 그칠 줄 모른다. 자전적 에세이로 베스트셀러 작가가 된 경험을 발판으로 동화작가라는 새로운 가능성도 열어가고 있다.

아역스타에서 뮤지컬배우로, 그리고 작가로. 그의 끊임없는 변신은 아역스타에서 출발해 정점 이후 아주 천천히, 느긋하게 연착륙을 이뤄낸 성공모델로 자리했다. 익숙하지만 떠나야 할 현재를 박차고 담대한 도전을 감행한 데 따른 보상이었다.


'이대로 살아도 될까?'라는 질문은 조금도 특별할 게 없다. 하지만 그 질문을 질기게 붙들고, 그 답을 스스로 찾아내며, 그리고 답을 실행에 옮기는 사람만이 자기혁신을 이룰 수 있음을 쉴즈는 분명히 보여주고 있다.

2011년 모교인 프린스턴 대 졸업생을 상대로 한 강연에서 쉴즈는 말했다.

"졸업을 하고 나면 시간은 여러분이 상상하지 못했던 속도로 점점 더 빠르게 흐를 겁니다. 안전한 보호막을 떠나 정해진 강의계획서도 없이, 자문교수도 없이 혼자서 인생을 헤쳐가야 할 것입니다. 하지만 정말 흥미진진한 일이지요. 자유롭게, 스스로, 거침없이 도전할 수 있으니까요. 제가 그랬듯 여러분도 실수하겠지요. 하지만 성장할 것입니다. 그리고 또 실수하겠지만 그로 인해 배우고 더 많이 성숙하겠지요. 성장하면 할수록 시행착오는 줄어들 것입니다."

## 뭐라도 준비해야 쓸모가 생긴다

"인생을 바꾸려면 로또밖에 길이 없다"고 말하는 친구가 있다. 하지만 그 친구가 로또에 당첨돼 인생을 역전시킬 일은 결코 없을 것이다. 이유는 간단하다. 복권을 사지 않기 때문이다.

고령화 시대, 이런저런 모임마다 나중에 무얼 먹고살 것인가가 큰 이슈가 된다. 내 사업을 하고 싶다, 교외에 카페라도 차릴까 보다, 귀농이나 한번 해볼까 하는 토로가 줄을 잇는다. 하지만 그 가운데 실제로 '뭐라도' 준비하는 사람은 그리 많지 않다. 특히 현재가 그럭저럭 굴러가고 있다면 미래를 위한 대비는 더욱 쉽지 않은 일이다. 하지만 지금을 바꾸지 않으면서 미래가 바뀌길 바라는 것은 헛된 꿈에 불과하다.

컨설팅회사 언스트앤영은 2011년 세계 60여 개국 80만 명을 대상으로 벌인 설문결과를 토대로 '성공하는 기업가를 만드는 조건'에 대한 심층 보고서를 펴냈다. 보고서를 보면 고성장을 이뤄낸 기업가들은 실패를 두려워하지 않으며, 성공의 기회를 포착했을 때 과감히 창업에 나선 것으로 나타났다. 창업은 물론 '인생 성공'에 있어서도 정확히 적용되는 태도일 터다.

루스벨트 전 미국 대통령은 이렇게 말했다.

"나는 꿈이 없고 비전이 없는 사람은 쓸모없다고 생각해왔지만, 자신의 꿈과 비전을 조금이라도 실현하기 위해 행동을 바꾸는 실제적인 노력이 없다면 그 역시 쓸모없는 사람이다."

당신은 지금, 뭘 하고 있는가? 이대로 가면, 어떻게 될 것 같은가?

# CHAPTER 2

# 어떤 일에 미쳐본 적이 있는가?

당신이 목표에 온전히 몰두하는 순간 그 목표는 반드시 달성된다.

— 마크 R. 더글러스

# 자기계발도 맞춤식으로

K는 미대 졸업반이다. 고교 시절 어머니의 권유로 미대입시를 준비해 진학에 성공했지만 전공에는 애초부터 마음이 가지 않았다. '아무래도 내 길이 아닌 것 같다'는 생각에 쓸모가 가장 많다는 경영학을 부전공으로 신청했다. 하지만 경영학 수업도 그리 재미가 없었다. 심기일전 차 어학연수를 다녀왔다. 1년이 훌쩍 지났다. 복학해서도 달라진 건 없었다. 어쩐지 '몸에 안 맞는 옷'을 입고 있는 느낌은 계속 따라다녔고 학교생활은 그냥저냥 돌아갔다. 그래도 남들만큼은 했다. 학점도 그럭저럭 관리했고, 토익점수도 어지간한 정도는 되고, 전공 관련 컴퓨터 자격증도 따냈다. 요즘 K는 취직에 나설까, 대학원을 갈까, 아니면 유학을 가볼까 고민 중이다.

대기업 홍보팀 L 대리는 퇴근 후 갈 곳이 많다. 영어학원에 중국어 학원에 온갖 업무 관련 특강까지 한 주 내내 저녁 일정이 빡빡하다. 몸은 바쁘지만 그놈의 '경쟁력'에 도움이 되지 싶은 생각에서다. 한편 으론 MBA 카페나 헤드헌팅 사이트를 뒤적이는 것도 일이다. 회사에 서 하는 업무가 적성에 꼭 맞는 것 같지도 않고, 한 살이라도 젊었을 때 뭔가 새로운 도전을 해봐야 하는 게 아닌가 싶은 불안감도 든다.

K와 L은 닮은꼴이다. 자기관리의 기준이 '자신'이 아니라는 점 에서다. 묻지도 따지지도 않고, 뭐든 하지 않는 것보다 나을 것이라 는 막연한 기대가 그 바탕에 있다. 특별한 목적의식 없이 친구 따 라 강남 따라가듯 무엇이든 닥치는 대로 건드려본다. 이것저것 찔 러보다가 아니다 싶으면 또 다른 '뭔가'를 찾아 나선다. 숱하게 우 물을 파헤치지만, 물줄기가 치솟는 일은 좀처럼 없다. 그러면서 마 냥 세월만 간다.

## 끝장 노력이 답이다

한식 요리책에 나오는 음식마다 거의 빠지지 않는 양념이 있다. 바로 '갖은 양념'이다. 말 그대로 파, 마늘, 고춧가루, 간장, 설탕, 참기름 등 갖가지 양념을 팍팍 섞은 것이다. 요리 초짜라도 이것만 있으면 불고기든 나물이든 매일 밥상에 오르는 어지간한 음식을 대강 만들어 낼 수 있으니 가히 '만식통치(萬食通治)'다. 그런데 이 다용도 양념에는 한계가 있다. 불고기나 나물이나 음식 맛이 죄다 엇비슷해진다는 점이다. 혀끝을 사로잡는 색다른 맛, 감각에 강렬히 각인되는 특별한 맛을 기대하긴 어렵다. 흔히 '손맛'으로 표현되는 결정적 음식 맛을 내려면 갖은 양념이 아닌 비장의 양념공식이 필요하다.

세칭 '스펙'을 쌓을 때도 갖은 양념의 한계를 유념할 필요가 있다. 요즘 대학가에선 '스펙 9종 세트'라는 말이 유행이라고 한다. '학벌-학점-영어점수'로 구성되던 전통 3종 세트에 어학연수와 자격증이 붙어 5종 세트가 됐고, 여기에 공모전 입상과 인턴 경력을 더해 '7종 세트'가 됐으며 최근엔 봉사활동과 성형수술(외모관리)까지 덧붙여졌다는 것이다. '낭만적 대학 생활'은 이미 흘러간 옛 노래가 됐고, 학생들은 등록금에 필적하는 어마어마한 돈과 시간을 들여 스펙수집에 매달리고 있다.

이런 추세는 통계로도 확인된다. 한 HR 업체가 2011년 입사 1년 차 직장인 이력서 3만 534건을 분석해 '평균 스펙'을 뽑았다. 그 결과 신입사원 열 명 중 일곱 명 이상(72.2%)이 자격증을 보유하고 있었고 절반 가까이(43.7%)가 인턴을 해본 경험이 있는 것으로 나타났다. 구직자뿐이 아니다. 스펙 스트레스는 직장에 들어가서도 떠날 줄을 모른다. 또 다른 조사 결과 직장인 열 명 중 여덟 명 이상이 더 좋은 직장으로 옮기거나 연봉을 더 많이 받기 위해 또는 미래에 대한 막연한 불안감 때문에 스펙을 관리할 필요성을 느낀다고 답했다.

하지만 자신이 꿈꾸는 미래, 이르고 싶은 목표, 강점과 단점에 대한 분석 없이 남들 다 하는 대로 '갖은 스펙'을 쌓는 것으론 자신만의 무기를 결코 가질 수 없다. 남다른 경쟁력을 갖추고자 한다면 '아니면 말고'가 아닌 '죽기 살기'로 매달리는 끝장 노력이 반드시 필요하다.

빛나는 성공 스토리 속엔 흔히 '온전히 미친놈'들이 있는 것도 이런 이유다. 성공하고 싶다는 사람들에게 이들은 묻는다.

"미쳐본 적 있는가?"


# 미치면 통(通)한다


1950년 10월 6일 서울 충무로. 어디론가 바쁘게 뛰어가던 한 남자에게 술에 취한 청년이 인민군이라며 소리를 질렀다. 군인들은 남자에게 총부리를 겨눴다. 남자는 다급히 외쳤다.

"나는 나비밖에 모르는 사람이야!"

하지만 총구를 떠난 총알은 이미 남자의 몸을 관통하고 있었다. '나비 박사' 석주명 선생은 42세의 나이에 이렇게 세상을 떠나고 말았다. 방대한 나비 표본과 자료를 지키려 피란도 가지 않았던 젊은 과학자의 어이없는 죽음이었다.

하지만 길지 않은 생애에 그가 쌓은 업적은 눈부셨다. 나비밖에 몰랐다는 그의 마지막 일성은 단 한 점 보탠 것 없는 진실이었다.

일제 강점기 '일개' 중학교 교사였던 그는 평생 75만 마리가 넘는 나비를 채집했다. 진귀한 나비를 발견하면 서울에서 평양까지라도 뒤쫓아 기어이 잡고야 말았다. 한반도 곳곳에 그의 발길이 닿지 않은 곳이 없었고 나비 한 마리를 찾고자 멀고 먼 흑산도 가는 배에 오르기도 마다하지 않았다. 현재 우리나라 나비 이름 대부분이 그의 머리에서 나왔다 해도 과언이 아니다.

채집한 나비의 날개 길이, 무늬 수와 띠 등을 일일이 재고 분석해서 쓴 논문만 무려 128편. "논문 한 줄을 쓰기 위해 나비 3만 마리를 만졌다"는 그의 유명한 말은 나비밖에 몰랐던, 나비에 미쳤던 남자의 열정을 고스란히 보여준다.

10년여에 걸친 노력과 연구로 그는 외국 학자들이 독점했던 한국산 나비의 계통 분류를 완성했고 독창적인 생물분류 이론을 창안해냈다. 또 그간 잘못돼 있던 학명 844개를 바로잡고 한국 나비를 248종으로 최종 분류해 이를 1940년 『조선산 접류 목록』을 통해 발표했다. 오늘날 한국산 나비로 밝혀진 종수가 모두 250여 종인 것을 감안하면 실로 대단한 업적이 아닐 수 없다. 『조선산 접류

목록』은 한국인 저서 중 처음으로 영국 왕립도서관에 소장됐고 그
는 업적의 가치를 인정받아 당시 30여 명뿐이던 세계나비학회 회
원이 됐다. 그의 나비 표본을 높이 평가한 미국의 한 지질학자는 15
년 가까이 그의 연구를 후원했고 일본인 학자들은 후에 그의 성을
따 세오키아(Seokia, Seoki)라는 신종 나비 학명을 붙이기도 했다.

> "남이 하지 않는 일을 10년간 하면 꼭 성공한다. 세월 속에
> 씨를 뿌려라. 그 씨를 쭉정이가 되지 않게 정성껏 가꿔야
> 한다."

　제자들에게 입버릇처럼 말했던 이 성공 철학에 그는 스스로 본
보기로 남았다.


## 미치면 달(達)한다

양손에 와인 잔 쟁반, 머리 위에 물 잔을 올리고 사다리를 넘었다.
도토리묵 접시를 든 채로 공중제비를 돌았다. 굴착기를 조종해 두
부를 잘랐다.
　남들에겐 개그였지만 그에게는 고행이었다. 매주 8분. 단 한 꼭

지를 선보이기 위해 하루 두세 시간 잠으로 버텨가며 평균 144시간을 훈련에 바쳤다. 발목 물렁뼈는 부러지고, 손가락은 휘어졌다. 지독하고 혹독한 연습 끝에 그는 매주 완벽한 '달인'의 모습으로 무대에 올랐다. 사람들은 더 이상 그의 개그에 마냥 웃지 않았다. 눈물을 글썽이고, 코끝이 찡한 채로 기립 갈채를 보냈다.

개그맨 김병만. 「개그콘서트」에서 4년 9개월 넘게 사랑받은 장수코너 '달인'을 이끌며 보여준 그의 '미친 투혼'이야말로 현재 그가 누리고 있는 '미친 존재감'의 기반이었다. 또한 오랜 가난과 방송을 하기엔 너무 작은 키 158.7cm와 지독한 무대 울렁증을 딛고, 스타 개그맨으로 초인기 성공 강사로 뛰어오르게 한 디딤돌이기도 했다.

스무 살 언저리 개그맨을 꿈꾸며 달랑 30만 원을 들고 상경한 김병만은 서울예술대학에 여섯 번 응시했다가 여섯 번 다 떨어졌고 개그맨 공채시험엔 일곱 번이나 미끄러졌다. 연기학원 원장은 그에게 "연기는 되나 키 때문에 방송은 어렵겠다"고 고개를 저었고, 동료들은 무대 공포증에 연예인이 웬 말이냐고 핀잔했다. 하지만 그는 포기하지 않았다. 키야 어찌해볼 도리가 없더라도 다른 걸림돌은 넘어서고야 말겠다고 각오했다. 작은 키를 뛰어넘기 위해 몸 개그에 토크를 살짝 섞는 자신만의 개그 스타일을 만들기로 했다.

초등학교 시절 생활기록부에 '매사에 관심 없고 의욕이 부족하다'

는 평가를 받았던 그였지만 꿈을 향한 열정은 사람을 180도 바꿔놨다. 대사 울렁증을 이기기 위해 낮에는 여의도 한강둔치 쓰레기장에서 볼펜을 입에 물고 대사를 연습했고, 밤에는 이불을 이에 물고 대사를 외웠다. '모든 사람을 웃겨보겠다'는 각오로 버스를 기다리는 여대생이나 버스 노선표를 들여다보는 사람을 붙잡고 개그를 쳤다. 하루에도 몇십 번씩 정신 나간 사람 취급받기가 일상이었지만 그는 멈추지 않았다. 그리고 오직 자신만이 할 수 있는 독특한 개그 영역을 구축해냈다. 웃음과 동시에 감동을 안기는 김병만식 개그 말이다.

> "제가 유세윤, 정형돈이 될 수는 없습니다. 하지만 김병만
> 은 될 수 있습니다." (경찰청 특별 강연 '김병만의 유쾌한 도전과 성
> 공', 2012년 2월 29일)

마침내 그는 개그의 달인 김병만이 되었다.

## 미치면 성(成)한다

그의 좌우명은 '미친 척 도전하자'였다. 해보지 않으면 얻을 수 있는 게 아무것도 없다는 믿음이었다. 그리고 '동대문에서 뉴욕까지'

라는 영화 같은 성공담의 주인공이 됐다.

패션 디자이너 최범석. 상고를 나온 그는 졸업 무렵 동대문에서 원단을 날랐다. 딱히 할 줄 아는 게 없어서였다. 그렇게 '패션'과 연을 맺은 그는 홍대, 부산, 의정부 등을 돌며 옷을 팔기 시작했다. 제법 돈이 모이자 동대문에 가게를 냈다. 잘 팔렸다. 내친김에 직접 만들어보자고 마음먹었다. 원단부터 봉제, 마케팅까지 남들은 학교에서 배우는 것들을 모두 동대문에서 배웠다.

처음으로 디자인한 1만 원짜리 티셔츠는 기대 이상으로 팔려나갔다. 하루 매상이 1천만 원을 찍었다. 제대로 디자이너가 되고 싶었다. 무작정 서울패션아티스트협회장을 찾아가 국내 유수 디자이너들이 작품을 올리는 서울컬렉션에 참가하게 해달라고 졸랐다. 처음엔 잡상인 취급을 받으며 쫓겨나다시피 했다. 하지만 그는 지치지 않고 문을 두드렸다. 2003년 드디어 무대에 섰다. 동대문 출신으론 처음이었다.

도전정신과 배짱을 무기로 패션가에 데뷔한 그는 이후 압구정동을 거쳐 '제너럴 아이디어'라는 자신의 브랜드를 만들었다. 반응은 기대 이상이었다. 만 29세이던 2006년 프랑스 파리 프랭탕 백화점에 입점했다. 한국 의류 브랜드로는 최초였다. 2008년부턴 세계 4대 패션쇼인 뉴욕컬렉션 무대에 섰다. 현재 미국과 일본 등 세계 10여 개국에서 그의 옷이 팔린다. 연 매출 100억 원대. 삼성전자, FnC

코오롱 등 대기업이 그의 '크리에이티비티'를 탐내며 러브콜을 보냈다. 고졸에 동대문 옷 장수 출신이라는 변변찮은 스펙은 이제 오히려 그를 돋보이게 하는 빛나는 훈장이 됐다. 과감한(일부에겐 무모한) 도전과 끈질긴(일부에겐 정신 나간) 집념이 이뤄낸 성공이었다.

그는 한 신문이 마련한 청춘과의 지상 대담에서 자신만의 성공 철학을 밝혔다.

> "살면서 한 번이라도 미쳐본 적이 있나요. 밥도 안 먹고 잠도 자지 않고 몰두해본 경험이 있는가 말입니다. 미치면 그 분야에 뛰어난 능력을 갖추게 마련입니다. 미친 기간이 길어지면 돈은 저절로 들어옵니다. 많은 사람들이 똑같은 꿈을 꾸는데 다 포기하고 한 사람만 남으면 그 사람이 성공할 수밖에 없습니다. 간단한 이치입니다. 미쳐야 합니다. 자기가 미칠 수 있는 것을 찾아야 합니다." (「한국경제」 2011년 12월 4일)

## 뇌를 매료시킨 관심사가 곧 승부처다

철강왕 앤드류 카네기는 "어떤 분야에서든 발군의 성공에 이르는 길은 그 계통의 달인이 되는 것이다"라고 말했다. 달인이 되는 길은 간명하다. 끝을 보겠다는 마음가짐으로 미친 듯 파고드는 것이다. 당연하지만 한번 찔러나 보는 자세로는 결코 이를 수 없는 경지다.

그렇다면 무엇에 미칠 것인가? 도무지 몰두할 만한 대상이 떠오르지 않는다면 '뭐 눈엔 뭐만 보인다'라는 옛말이 힌트가 될 것이다. 당신 눈에 쏙쏙 들어오는 것. 거기에 단서가 있다. 당신의 뇌를 지배하는 관심사에 따라 선별하는 정보가 바뀌기 때문이다. 더욱 현실적인 대상을 찾는다면 지금 하는 일에 미쳐보는 것도 방법이다.

환갑을 넘긴 나이에 호텔 레스토랑의 웨이터가 된 대기업 부회장 서상록 씨는 인생 에세이 『미쳐야 청춘이다』에서 이렇게 조언했다.

"내가 레스토랑에서 서빙을 한다고 그것을 부끄러워했다면 아마 나는 행복하지 않았을 것이다. 그러나 나는 언제나 일을 사랑했다. 자기가 하고 싶은 일에 미쳐야 한다. 하고 싶은 일이 떠오르지 않는다면, 지금 하고 있는 일에 미쳐야 한다. 이 단순한 법칙을 실행한다면 평생 행복하게 살 수 있을 것이다." (서상록, 『미쳐야 청춘이다』, 한국경제신문사, 2011)

# CHAPTER 3

나에게
가장 즐거운 일은
무엇인가?

위대한 것 중 즐기지 않고 이룰 수 있는 것은 없다.

— 셰익스피어

# 재미, 일과 인생을 충만하게 하는 것

기자 시절 수많은 사람을 만났다. 어떻게 살아야 잘 사는 것인지에 대한 답을 찾아 헤매던 나는 초년병 시절부터 누구를 만나든 하는 일이 재미있는지 묻곤 했다. 공무원, 회사원, 변호사, 의사, 자영업자, 비즈니스맨⋯⋯. 직종이나 직책과 상관없이 상당수는 쓴웃음을 지으며 푸념하듯 말했다.

"재미는요. 그냥 먹고살려고 하는 거죠."

때론 "일하는 데 무슨 재미, 재미가 밥 먹여줍니까?"라는 통박이 돌아오는 일도 적지 않았다. 그런데 몇몇은 달랐다.

"그럼요! 재미있죠. 재미없으면 어떻게 일을 해요?"

그들의 눈은 빛났고, 입가는 웃음으로 환했다.

그로부터 짧게는 5년, 길게는 10년 이상 흐른 지금. 직접이든 간접이든 듣게 되는 전자와 후자의 근황엔 확연히 차이가 난다. 소식이 닿는 사람 중 먹고살려고 일한다고 했던 이들은 대부분 '여전'하다. 별다른 변화도, 별다른 발전도 없이 그때나 지금이나 비슷한 모습으로 하루하루를 살아나가고 있다. 반면 일이 재미있다고 했던 이들은 상당수가 다이내믹한 인생을 꾸려가고 있다는 소식이다. 크건 작건 의미 있는 성과를 거두고, 업계에서 이름을 날리고, 전혀 다른 분야에서 새로운 일에 도전했다는 모험담도 이들에게서 들려온다. 그들은 더 이상 내가 과거에 알던 사람들이 아니다.

작게는 일, 크게는 인생이 재미있다는 사람과 재미없다는 사람의 성취는 분명 질적으로 다르다. 설령 겉으로 보이는 성공의 크기가 같더라도 삶의 속살을 들여다보면 결과 향과 충만함에서 차이가 난다.


## 재능은 혼자 꽃피지 않는다


피겨로 글로벌 스타가 된 김연아는 '빙상 위의 발레리나'라 해도 모자람이 없을 것이다. 그의 연기엔 발레를 연상케 하는 우아함이 깃들어 있다. 혹자들은 김연아의 유연함과 파워, 표현력과 감수성을 보며 아마 발레를 했더라도 대성했을 것이라고 말한다. 연습에 몰두하는 근성과 결정적 순간에 위축되지 않는 담대함이 있으니 피겨 아닌 뭘 해도 성공했을 것이라고도 입을 모은다.

과연 그럴까?

김연아의 어머니 박미희 씨는 연아가 피겨 스케이팅에 본격적으로 뛰어들기 전 발레학원에 보낸 적이 있다. 예술적 감성과 운동신경이 뛰어난 딸에게 피겨를 시켜보려다 코치와 뜻이 맞지 않아 스케이팅을 접기로 한 직후였다. 하지만 연아의 '발레생활'은 오래가지 못했다. 스케이트장에 가자면 벌떡 일어나 앞장서던 딸이 발레학원이라면 도살장을 향하는 소 같은 표정으로 마지못해 끌려다니다시피 했던 것이다. 결국 박 씨는 연아를 다시 피겨 스케이트장으로 데리고 갔고, 오늘날 우리는 불세출의 피겨 퀸을 만나게 됐다. 김연아는 말한다.

"피겨가 제일 좋았어요."


40년 이상 첼로로 한국을 대표해 온 정명화 한국예술종합대학교 교수도 비슷한 이야기를 들려준다. 다섯 살 때부터 노래에 소질을 보인 명화 씨에게 어머니인 고(故) 이원숙 여사는 피아노를 가르치기 시작했다. 음악선생은 대번 명화 씨에게 음악적 재능이 있다고 했고 명화 씨의 실력도 여느 또래와는 비할 수 없이 빠르게 늘었다. 하지만 그는 피아노에 통 열중하지 못했다. 툭하면 피아노 앞에서 졸기 일쑤였다. 어머니는 그런 딸에게 바이올린을 쥐여줬다. 하지만 바이올린 역시 명화 씨의 흥미를 끌진 못했다.

그랬던 그가 진정한 음악의 세계에 눈뜬 것은 만 11세, 악기점에서 첼로를 보고 나서다. 첼로를 처음 손에 잡았을 때 그는 온몸에 전율을 느꼈다고 한다. 첼로의 음색이 자신의 목소리와 똑 닮아 있었기 때문이다. 어머니는 딸에게 주저 없이 첼로를 선물했고 그는 비로소 첼로와 그리고 음악과 뜨거운 사랑에 빠졌다.

아무도 시키지 않아도 그는 밤낮없이 첼로에 매달려 살았고 기량은 무섭게 성장했다. 첼로를 잡은 지 불과 2년 만에 한국 최고의 콩쿠르에서 특상을 받았을 정도다. 그리고 잘 알려진 것처럼 세계적 첼리스트로 대성했다.

이에 대해 이원숙 여사는 저서 『통큰 부모가 아이를 크게 키운다』에 이렇게 적고 있다.

"명화가 피아노와 바이올린에 별 흥미를 느끼지 못했을 때 그동안 레슨한 시간이 아깝다는 생각으로 내가 계속 피아노와 바이올린을 고집했더라면 아마 첼리스트로 빛을 보지 못한 채 자신의 음악적 재능이 사그라졌을지도 모른다. 명화를 보면서 나는 자기가 좋아하고 적성에 맞는 분야를 찾아내는 것이 얼마나 중요한지 실감할 수 있었다." (이원숙,

『통큰 부모가 아이를 크게 키운다』, 동아일보사, 2005, 64쪽)

김연아 선수와 정명화 교수의 이야기는 중요한 사실을 시사한다. 재능은 단독으로 꽃피지 않는다는 것이다. 좋아할 때 재미를 느끼고, 나아가 즐김과 어우러질 때 열정과 몰입을 낳으며, 종래 극치의 경지에 도달할 수 있다.

"좋아하는 일을 하다 보니 성공에 도달해 있었노라"라는 명사들의 '증언'은 얼마든지 찾을 수 있다. 디지털 시대 최고의 아이콘이었던 고(故) 스티브 잡스 애플 CEO는 생전 성공의 비결로 "내가 사랑하는 일을 하는 것"을 꼽았다. 세기의 발명왕 에디슨은 "난 한 번도 열심히 일해본 적이 없다. 항상 즐겼을 뿐이다"라고 했다. 공자님도 무려 2000년 전 "아는 놈이 좋아하는 놈 못 이기고, 좋아하는 놈은 즐기는 놈을 따라갈 수 없느니라"고 말하지 않았던가.

사실 일을 즐기다 보니 성공이 주어졌다는 것은 점차 흔해 빠진 스토리가 되어가고 있다. 어지간한 성공담마다 즐김의 중요성을 강조하는 엇비슷한 비결이 돌고 또 돈다. 하지만 뒤집어 생각해보자. 비슷한 사례가 널렸다는 것은 그만큼 일반화가 가능하다는 의미다. 다시 말해 '나'에게도 효력이 있는 성공 공식일 수 있다는 뜻이다.

각종 성공담을 종합해보면 대략 다음과 같은 공식을 얻을 수 있다.

재능 + 즐김 = 몰입 → 성공

이 공식을 자신의 것으로 만들려면 먼저 할 일이 있다. '내가 정말 좋아하는 것은 무엇인가?'라는 질문, 그리고 그 질문에 대한 답을 찾아내는 것이다.

## 좋아하는 일을 하는 삶에 기쁨이 있다

일본 도쿄 신주쿠에 있는 다카노바바 전철역에는 전차가 들어올 때 특별한 신호음이 울려 퍼진다. 여느 역에서 들을 수 없는 친근하고 귀여운 멜로디. 바로 만화영화 「우주소년 아톰」의 주제곡이다.

다카노바바는 아톰의 작가이자 '일본 만화·애니메이션의 신(神)'으로 추앙받던 데즈카 오사무가 아톰의 탄생지로 설정한 곳. 1989년 2월 오사무가 위암으로 세상을 떠난 지 20년도 더 지난 지금까지도 일본인들은 수도 한복판 번화가 전철역에서 그의 분신격인 아톰의 주제가를 들으며 한 시대를 풍미했던 일본의 영원한 문화적 우상을 추억하고 있다.

『철완 아톰』, 『밀림의 왕자 레오』, 『불새』 등 주옥같은 작품들로 잘 알려진 오사무는 제2차 세계대전에서 패망한 후 절망과 실의에 빠진 일본인들에게 만화로 꿈과 희망을 심어준 주인공이다. 나아가 전 세계에 일본 만화·애니메이션의 매력을 알린 선구자이기도 했다.

그런 그가 오사카대 의학부를 졸업한 의학박사였다는 사실을 기억하는 이는 그리 많지 않다. 오사무가 돈과 명예가 보장된 의사의 길을 포기하고 앞날이 불투명한 만화가로 나섰던 이유는 오직 하나, 만화가 가장 좋았기 때문이었다.

1928년 오사카 토미나카 시에서 2남 1녀의 장남으로 태어난 오사무는 어린 시절 스스로 "앙상한 곤충같이 말라 있었다"고 표현할 만큼 작고 허약했다. 또래의 절반 남짓한 왜소한 체격에 안경까지 쓴 그는 초등학교 시절 동급생들의 놀림과 따돌림에 시달려야 했다. 소년의 유일한 도피처는 만화였다. 틈만 나면 연필을 들고 공책에 만화를 그렸다. 학생지도 선생님에게 죽도록 맞아가면서도 펜을 놓지 않았다.

법률 전문가이자 영화광이었던 아버지와 예술적 감수성이 남달랐던 어머니는 그에게 만화책과 영화를 비롯한 문화적 양분을 풍성히 제공했고, 그의 재능과 상상력은 서로 키를 다투며 자라갔다.

그가 만화를 그린 노트는 서서히 친구들 사이에 최고의 오락거리가 됐고, 그는 왕따의 대상에서 모두가 가까이하려는 아이로 변신했다. 심지어 교사들도 그의 탁월한 재능을 인정할 정도였다.

5학년 때의 일이다. 어느 날 그의 담임교사는 반 아이들이 오사무의 만화를 돌려보는 것을 적발하고 노트를 압수했다. 오사무는 엄한 체벌을 각오하고 교무실로 불려 갔다. 그런데 뜻밖에도 담임은 노트를 돌려주며 그의 어깨를 두드려줬다.

"데즈카. 네가 이렇게 만화를 잘 그리는 줄 몰랐다. 이제부턴 그리고 싶은 대로 마음껏 만화를 그리도록 해라."

중학교 진학 후 전쟁이 나고 사람이 바로 곁에서 죽어나가는 가운데서도 그는 만화 그리기를 멈추지 않았다.

하지만 그는 청년이 되어서까지도 전업 만화가가 되겠다는 생각은 한 번도 하지 않았다. 성년이 되어 그가 희망한 직업은 군의관이었다. 폼 나게 장교생활을 할 수 있을 것 같다는 이유였다. 그의 부모도 아들이 의사였던 증조부의 길을 가기를 원하던 터였다. 전쟁 직후부터 군의관 양성학교에서 의사 기본 수업을 받던 그는 종전과 함께 오사카 대학으로 학적을 옮겼다. 의사 이전에 군의관을 꿈꿨던 그에게 의학은 급속도로 매력을 잃어갔다.

오사무는 다시 만화에만 매달렸다. 아침에 눈을 떠 잠자리에 들기 전까지 만화를 그렸다. 강의 시간에도 그의 정신은 온통 만화에 팔려 있었다. 병원에서 근무할 때도 틈만 나면 신문이나 잡지에 기고할 작품을 그렸고 밤이면 병원 숙직실에 들어가 문을 걸어 잠그고 만화 노트를 꺼냈다.

만화에 대한 열망이 뜨거워질수록 진로에 대한 고민도 커져만 갔다. 만화를 미치도록 사랑했지만 의사라는 직업을 포기하기엔 치러야 할 대가가 너무 많았다. 병원을 개업하면 여유 시간에는 골프를 치고 나이가 들면 진료는 젊은 의사에게 맡기고 편안하게 지낼 수 있다는 그림이 머릿속에서 떠나지 않았다.

갈등을 거듭하던 그는 어느 날 어머니에게 자신의 고민을 털어놨다. 잠깐 생각에 잠겼던 어머니는 물었다.

"네가 정말 좋아하는 건 어느 쪽이니?"

그거야 두 번 생각할 필요가 없었다. 만화였다.

어머니는 딱 잘라 말했다.

"만화가 그렇게 좋다면 동경에 가서 만화가가 되어라."


'정말 좋아하는 게 무어냐'는 어머니의 질문, 그리고 좋아하는 일을 선택하라는 격려는 오사무에게 용기를 불어넣었다. 오사무는 그 길로 전업 만화가의 길로 들어섰고 '일본 만화왕국'의 초석을 쌓았다. 그리고 '신'이 되었다.

오사무는 저서『나의 어머니는 나에게 하고 싶은 일을 하라고 하셨다』에서 이렇게 조언했다.

"내 체험으로 보건대 좋아하는 일을 선택해 매진하는 것이
인생에 있어 매우 중요한 것 같다."


# 성공은 계획 아닌 몰입의 산물이다

2010년 11월 어느 날 오후. 서울 이화여대의 한 강당에 인파가 구름처럼 몰렸다. 글로벌 명품 화장품 브랜드 '바비 브라운'의 창립자이자 CEO인 바비 브라운 여사의 특별 강연을 듣기 위해 모여든 젊은 여성들이었다.

바비 브라운. 모르긴 몰라도 우리나라 20~30대 여성이라면 화장대 서랍에 바비 브라운 화장품 한 개쯤은 들어 있을 것이다. 자신의 이름을 딴 화장품 브랜드 바비 브라운으로 전 세계 메이크업 트렌드를 주도하며 여심을 사로잡은 브라운 여사의 드라마틱한 성공 스토리와 인생철학은 이날 좌석을 메운 400여 청중을 흠뻑 매료시키기에 부족함이 없었다.

전 세계 패션잡지에서 가장 많이 거론되는 메이크업 아티스트이

자 글로벌 톱 브랜드를 이끄는 성공한 여성 CEO. 하지만 그는 단 한 번도 성공을 계획한 적이 없다고 말한다. 좋아하는 일에 몰두하다 보니 오늘의 자리에 올라 있었다는 것이다. 역시나 핵심은 '좋아하는 일'이었다.

브라운 여사도 데즈카 오사무처럼 '네가 진짜로 좋아하는 것은 무어냐'는 어머니의 질문에 인생의 방향을 바꿨다.

그가 고향인 시카고를 떠나 보스턴의 한 대학에 진학했을 때의 일이다. 대학 생활은 영 적성에 맞지 않았고 그는 방황하기 시작했다. 학교를 중퇴하겠다는 딸에게 어머니는 물었다.

"바비, 네가 정말 좋아하는 게 뭐니?"

그는 그 순간을 이렇게 회상한다.

"바로 그때였어요. 처음으로 메이크업 아티스트가 되고 싶다고 생각했죠. 어릴 때부터 수학이나 과학엔 젬병이었지만 늘 창조적인 작업을 좋아했거든요. 특히 화장하는 게 너무 재미있었어요."

이후 그는 연극과 예술 분야에 특화된 에머슨 칼리지로 적을 옮겼고 친구들이 학교에서 열리는 공연에 출연할 때 무대화장을 도맡아 해주기 시작했다. 그리고 졸업 후 뉴욕으로 거주지를 옮겨 본격적으로 메이크업 아티스트의 길을 모색했다.

메이크업 아티스트로 첫발을 내디딘 그는 유행하던 화장법을 과감히 거부했다. 당시는 눈처럼 하얀 피부, 장미처럼 붉은 입술로 대

변되는 이른바 '백설공주 화장법'이 대세였다. 하지만 그의 생각은 달랐다. 그에게 진정한 아름다움이란 자연스럽고 건강하게 보이는 것이었기 때문이다.

업계 관계자들은 그의 화장법에 고개를 가로저었다.

"이런 화장으론 절대로 이 바닥에서 성공할 수 없습니다."

하지만 그는 자신이 믿는 바, 좋아하는 스타일을 버리지 않았다. 그는 한 걸음 더 나갔다. 여성을 자연스럽고 건강하게 보이도록 하는 바비 브라운식 화장기법을 보급하기 위해 인위적인 색감과 질감의 기존 화장품 대신 자신만의 화장품을 만들어내기로 결심한 것이다.

이때부터 브라운 여사는 화학자들을 찾아다니며 입술처럼 자연스러운 립스틱을 만들어달라고 졸랐다. 갖은 시행착오 끝에 시제품이 완성되자 브라운 여사는 한 친구에게 립스틱을 써 보도록 했다. 반응은 폭발적이었다. 친구는 다른 친구에게 립스틱을 권했고, 친구의 친구의 친구들로 추천 릴레이가 이어졌다.

브라운 여사는 자신감을 얻었다. 친구에게 통한다면 다른 사람들에게 안 될 이유가 무엇이란 말인가?

드디어 기회가 왔다. 그는 파티에서 우연히 만난 버그도프 굿맨 화장품 바이어를 통해 1991년 미국 뉴욕의 버그도프 굿맨 백화점 한쪽에서 자신이 만든 립스틱을 팔기 시작했다. 매장을 연 첫날 그는 두려움 반 기대 반에 가슴을 졸였다. 그래도 한 달에 100개 정도는 팔 수 있지 않을까?

소박한 기대는 완전히 빗나갔다. 한 달이 아닌 하루에만 100개 이상씩 팔려나갔다. 날개가 돋쳤다는 표현이 더없이 적절한 기세였다. 이후 니만마커스·삭스 등 다른 유명 백화점에서 잇따라 입점 제의가 들어왔고 바비 브라운은 뉴욕, 나아가 전 세계에서 가장 인기 있는 메이크업 브랜드가 됐다.

그로부터 4년 후인 1995년. 브라운 여사는 자신의 경영권을 보장받는 조건으로 바비 브라운 브랜드를 세계 굴지의 화장품 기업 에스티 로더 그룹에 넘겼다. 그리고 바비 브라운은 56개국 998개 매장(2012년 기준)에서 연간 약 7억 달러(약 7,900억 원)의 매출을 올리는 초대형 브랜드가 됐다.

[행복을 위한 바비 브라운의 5가지 인생 팁]

1. 사랑하는 일을 하라(Do what you love)

2. 단순하게 살라(Keep it simple)

3. 긍정적인 면을 보라(Focus on the positive)

4. 최선을 다하라(Do your best)

5. 심호흡하라(Just Breath)

(바비 브라운 내한 특별 강연, 2010년 11월 16일)

# 먹고 '질문하고' 사랑하라

위에 등장한 인물들의 성공담은 '내가 좋아하는 일이 무엇인가?'
라는 질문이 누구나 바라마지 않는 성공으로 안내하는 내비게이션
이 되어준다는 사실을 여실히 보여준다. 브라운 여사의 말을 빌리
자면 창의성이 나오려면 즐겁게 일해야 하며, 열정은 행복한 삶에
서 나오기 때문이다. "성공을 원한다면 자기가 무엇을 좋아하고 남
보다 무엇을 잘하는지를 찾아내서 그것에 자신 있게 매달려 보라"
는 정명화 교수의 조언도 같은 맥락일 것이다.

좋아하는 대상을 찾으라는 조언이 젊은이를 위한 것이라고 생각
하는가? 천만의 말씀이다. 30대, 40대, 심지어 50대에게도 좋아하
는 일을 찾는 것이 성공의 첫걸음이라는 명제는 역시나 유효하다.
100세 시대를 눈앞에 둔 고령화 시대, 누구라도 인생 2막에 대한
준비가 필요한 까닭이다.

과연 내가 정말 좋아하는 일은 뭔가? 나의 재미에 불을 붙이는
대상은 무엇인가? 그리고 그것을 위해 지금 무엇을 해야 하는가?

# CHAPTER 4

# 내가
# 가장 하고 싶은 일은
# 무엇인가?

성공하는 사람의 호주머니엔 꿈이,
실패하는 사람의 호주머니엔 욕심이 들어 있다.
— 시드니 J. 해리스

# 도전인가 도피인가

친하게 지내던 후배 A, B가 비슷한 시기에 메일을 보내왔다. 동갑내기인 둘 다 입사 직후부터 "내 길이 아닌가벼"를 입에 달고 살더니 드디어 용단을 내렸다는 내용이었다. A는 작가가 되겠다는 오래된 꿈을 이루고자 배낭여행을 떠나기로 했다고 적었고, B는 연봉과 근무조건이 괜찮은 중견기업 홍보실로 자리를 옮기게 됐다고 적었다.

일견 무모해 보이는 쪽은 A다. 서른 중반에 감행하는 비현실적 혹은 무대포성 도피처럼 보이기 때문이다. 하지만 정작 걱정되는 쪽은 B였다.

B는 지난 10년여간 이런저런 길을 많이도 모색했다. 동종 업계 혹은 일반 기업으로 이직을 시도한 것 말고도 MBA, 로스쿨, 통번

역대학원, 의학전문대학원, 약학전문대학원, 교육대학원, 심지어 교대 편입까지 오만가지 정보를 모으고, 스터디 등 사전 준비를 하거나 실제 시험을 치르기도 했다. "도대체 하고 싶은 게 뭐냐?"는 지인들의 질문에 B는 딱히 답을 내놓지 못했다. "어쨌든 지금 일이 안 맞는다"는 게 가장 큰 이유였다. 그러면서도 B는 '하고 싶은 일'이 아닌 '할 만한 일' 혹은 '할 수 있을 만한 일'을 계속 찾아 헤맸다. 묻지도 따지지도 않고, 일단 현재에서 벗어날 수 있는 가능성이라면 무조건 두드리고 봤다.

A는 경우가 좀 달랐다. "일이 적성에 맞지 않는다"는 하소연은 같았지만 전업 작가라는 분명한 꿈이 있었다. 10여년간 A는 작가로 살아가는 여러 사람들을 만났고, 도움말을 얻었고, 필요한 강좌를 듣기도 했다. 작가로 성공할지의 여부를 떠나 A의 사표는 분명한 목표가 있기에 도전이라 할 만하다. 하지만 "적어도 지금보단 낫지 않을까 싶다"는 B의 사표는 도전 아닌 도피에 가깝다. 그래서 나는 B의 선택이 불안하기만 하다.

그렇다고 B를 '문제 케이스'라 하긴 어렵다. 세상엔 A보다 B 같은 사람들이 훨씬 많다. 2011년 말 국내 한 취업포털이 대학 졸업을 앞둔 대학생 324명을 대상으로 조사한 결과 두 명 중 한 명 이상(52.5%)이 취업하고 싶은 분야나 직업 등을 구체적으로 정하지 못한 것으로 나타났다. 진로를 정하지 못한 이유에 대해선 절반가량 (50.5%)이 '자신의 적성이나 하고 싶은 일을 잘 몰라서'라고 답했다.

잘나가든 못 나가든 주변에는 '어쩐지 불안하다'는 사람들로 넘쳐난다. 나이가 들수록 불확실성이 가중되고 자신의 노력으로 통제할 수 있는 것들이 점점 줄어든다. '하고 싶은 것'보다 '할 수 있는 것'이 기준점이 되고, 뚜렷한 목표 없이 '그냥저냥' 사는 게 일상이 되어간다.

왠지 우울해지는가? 그렇다면 이런 말이 위로가 될지 모르겠다. 원하는 것을 모르는 게 정상이라는 게 전문가들의 이야기다. '인간 욕구 5단계'로 유명한 미국 심리학자 에이브러햄 매슬로는 저서『동기부여와 인격』에서 "우리가 원하는 것을 아는 것은 정상이 아니다. 그것은 보기 드물고 얻기 힘든 심리학적 성과다"라고 기술했다.

사실 매일 숨 가쁘게 굴러가는 삶 가운데 인생을 진지하게 돌아보고 깊숙한 내면의 소리에 귀를 기울이기란 쉽지 않다. 당장 산적한 문제만으로도 충분히 벅차고 힘들어서다. 설령 시간이나 마음에 여유가 있다 해도 마찬가지다. 초등학교 때부터 주어진 목표를 향해 달리기만을 종용받는 가운데 스스로의 길을 찾기 위해 고민하고 탐색할 기회와 경험은 좀처럼 주어지지 않는다.

달리 말하자면 자신이 정말 원하는 바가 무언지 묻고, 그에 대한 답을 투쟁하듯 발견해내는 일이야말로 남과의 차별화요, 성공으로 향하는 첫걸음인 것이다.


## 당신의 선택은 목표와 일치하는가

독설로 악명 높은 영국의 요리사 고든 램지는 세계에서 돈을 제일 잘 버는 요리사기도 하다. 미국 TV 리얼리티쇼 「헬스 키친」이나 「키친 나이트메어」에서 '지옥에서 온 주방장'이라 불리며 요리가 지망생과 식당 주인들의 눈물을 쏙 빼놓는 이 남자는 세계 수십 곳에서 운영하는 레스토랑과 방송 및 출판 관련 수입을 합해 연간 336억 원(2008년 기준)에 육박하는 돈을 긁어 들이고 있다.

스코틀랜드 출신의 빈털터리 풋내기 요리사였던 그를 세계적인 레스토랑 재벌로, 스타 진행자로, 요리책과 자서전 등 20여 권을 출간한 베스트셀러 작가로 올려세운 디딤돌은 셰프 데뷔 초기 장인이 던졌던 "정말로 원하는 게 뭔가?"라는 질문이었다.

애초 그의 꿈은 축구선수였다. 열두 살부터 축구를 시작해 실제로 프로팀의 입단 제의를 받을 만큼 재능도 있었다. 하지만 알코올 중독자였던 부친의 잦은 실패로 인한 가난과 계속되는 부상으로 인해 그는 축구 선수의 길을 포기해야 했다. 그리고 주방 보조가 됐다.

 먹고살기 위해 통근에만 두 시간 이상 걸리고 하루 17시간 넘게 일해야 하는 런던의 한 식당 주방에 취직한 그는 '누구보다 잘 해내겠다'는 승리욕으로 밑바닥부터 일을 배워나갔다. 수중엔 땡전 한 푼 없었지만 돈보다 인정을 받겠다는 각오를 불태웠고, 접시 한 장을 닦아도 가장 빨리 제일 깨끗하게 누구보다 뽀송뽀송하게 닦겠다는 일념으로 일했다. 그런 승리욕은 점차 '다른 사람이 결코 따라올 수 없는 최고의 요리사'가 되겠다는 야심으로 자라났다.

 시간이 흐르면서 주방의 요리사들은 시키는 건 뭐든지 하고, 쉬지 않고 일하며, 충고란 충고는 모조리 빨아들이는 이 '굶주린 애송이'를 눈여겨보게 됐고 자신들의 노하우를 아낌없이 전수하기 시작했다. 동료들이 근무조건이나 근무시간 혹은 봉급을 불평하며 태업을 할 때도 램지는 오로지 일을 철두철미하게 배우고 실력을 높이는 데만 전념했다. 프랑스어라곤 단 한마디도 모르면서도 런던을 떠나 파리로 건너간 것도 같은 이유에서였다. 요리의 본고장 파리에서 기 사보이, 조엘 로뷔숑 같은 유명 셰프 밑에서 일하게 된 그는 '요리를 하다 자칫 손가락을 썰 것만 같은' 좁고 열악한 환경에서도 거침없이 배움의 칼날을 갈고 또 갈았다. 가진 것이라곤 칼뿐이니 칼날만큼은 누구보다도 예리하게 벼려보겠다는 각오였다.

파리에서 요리 사사를 끝내고 런던으로 돌아온 그에겐 행운이 기다리고 있었다. 망하기 일보 직전인 뒷골목 레스토랑 셰프로 들어오라는 제안이 온 것이다. 램지는 이곳에서 가장 저렴한 가격에 훌륭한 유럽식 코스요리를 제공했다. 결벽에 가까울 만큼 완벽을 추구하는 램지의 요리는 손님들을 이내 사로잡았고, 난파 직전이었던 작은 식당은 몇 달 지나지 않아 그 지역 최고의 인기 레스토랑으로 변모했다.

물 만난 고기처럼 기세등등해진 그에게 또 다른 기회가 찾아왔다. 런던 고급 주택가에 있는 레스토랑 셰프로 와달라는 요청이었다. 현재 받던 연봉의 두 배에 이윤의 5%라는 솔깃한 조건이었다. 더구나 요리사라면 누구나 선망해 마지않는 미슐랭 스타를 따내기엔 최적의 식당이라는 사실도 더없이 매력적이었다. 전에 있던 셰프가 그만둔 이유나 레스토랑 오너의 아들이 조만간 사업을 물려받으리라는 점이 마음에 걸리긴 했지만 여러모로 탐나는 조건에 그는 혹하지 않을 수 없었다. 대형 법률회사로부터 계약 의논을 위해 한번 방문해 달라는 연락을 받은 그는 사업가였던 장인을 대동하고 사무실을 찾아갔다. 방 안에는 상대방 측 변호사 여러 명과 오너의 아들이 느긋한 표정으로 두 사람을 기다리고 있었다. 마치 계약이 이미 성사되기라도 한 듯한 분위기였다. 램지가 싱글벙글한 낯으로 계약서에 사인하려던 순간, 서류를 살펴보던 장인이 테이블 밑으로 그의 무릎을 걷어챘다. 장인은 5분만 시간을 달라고 했다. 램지와 함께 사무실 밖으로 나간 장인은 거두절미하고 물었다.

"고든, 정말 하고 싶은 게 뭔가? 다른 사람 밑에서 일하고 싶은가 아니면 자네 혼자 해보고 싶은가?"

성공한 사업가이자, 훗날 램지의 든든한 사업 파트너가 된 장인은 사위의 내면에 잠재된 '최고'를 향한 야망과 열정을 일찍부터 감지하고 있었다. 또한 모든 게 잘 짜인 괜찮은 식당에서 잘 나가는 셰프로 일하며 오너의 배를 불려주는 일로는 결코 그 꿈을 이룰 수 없다는 사실도 직감하고 있었다. 그때, 램지는 불현듯 자신이 정말 하고 싶은 것, 미친 듯 몰두할 목표에 눈을 뜨게 됐다. 그 누구의 것도 아닌 '고든 램지 레스토랑'을 여는 일이었다.

계약서를 뒤로한 채 사무실을 나온 그는 원래 일하던 식당으로 돌아갔고 기회를 엿보던 끝에 1998년 런던 첼시에 드디어 자신의 이름을 건 첫 번째 레스토랑을 열었다. 동시에 인생의 '성공의 문'도 활짝 열어젖혔다. 이곳에서 미슐랭 최고 등급인 미슐랭 스타 3개를 따낸 그는 불도저 같은 추진력과 완벽을 추구하는 실력을 앞세워 런던은 물론 파리, 뉴욕, 도쿄 등 세계 주요 도시에 식당을 잇달아 오픈하며 명실공히 레스토랑 왕국을 건설해갔다. 세계 곳곳에 자리 잡은 그의 레스토랑들이 받아낸 미슐랭 스타만도 무려 16개. 세계적인 슈퍼 셰프로 명성을 얻은 램지는 할리우드로부터 서

바이벌 요리 프로그램의 주인공으로 초청받았고, 세계적 유명 인사이자 굴지의 거부가 됐다.

물론 그 과정이 시종 순조로웠을 리는 없다. 당연히 굴곡이 있었다. 고향인 스코틀랜드에 개업한 식당은 1년도 안 돼 문을 닫아야 했고, 런던 최고의 호텔에 입점한 레스토랑은 엄청난 적자에 허덕이기도 했다. 뉴욕에 진출했을 때는 노조문제로 골머리를 앓았고 무능한 총지배인을 채용하는 바람에 식당 운영에 곤욕을 치르기도 했다. 하지만 인생에 뚜렷한 좌표를 정한 램지는 아무리 높은 파도가 몰아쳐도 뱃머리를 돌리지 않았다. '인생은 성공하겠다는 결심을 시험하는 기나긴 도전의 연속이 될 것이며, 일단 일을 추진하기로 결정하고 나면 그다음에는 물속에서 얼마나 오래 숨을 참느냐에 달려 있다'는 확신에서였다. 그리고 누구보다도 오래 숨을 참은 그는, 불꽃처럼 화려한 성공담의 주인공이 됐다. 그는 성공의 비결을 묻는 사람들에게 이렇게 말한다.

> "열심히 일한다는 건 자신이 계획했던 일을 한다는 뜻이지만 그전에 강렬한 목적의식이 있어야 한다. 혼나지 않기 위해 냄비를 열심히 닦는 거라면 깨끗한 냄비 외에는 얻는 게 없을 것이다. 내가 말하는 건 그런 게 아니다. 그 행동에 온 마음을 쏟아야 하고, 힘든 작업 환경 속에서 야근까지

해가면 오랫동안 일하는 자기만의 이유가 있어야 한다. 뭔가를 배우고 경험을 쌓기 위해서든, 무리 중에 최고가 되기 위해서든지 간에 말이다." (고든 램지, 『고든 램지의 불놀이』, 노진선 옮김, 해냄, 2009, 294쪽)

램지의 조언은 딱 두 문장으로 요약할 수 있다. 목표를 발견해라. 그리고 모든 걸 걸어라.

## 오를 산을 정하면, 반은 오른 것이다

수년 전 미국에서 '성공하는 사람들의 생각습관'에 관한 흥미로운 조사결과가 발표됐다. 몇 개 기업이 35만 명을 대상으로 '현재 하고 있는 생각'을 오랜 기간에 걸쳐 물었더니 '성공그룹'에 속한 상위집단은 자신이 원하는 것이 무엇이고, 어떻게 하면 그것을 얻을 수 있을지를 주로 생각한다는 게 골자였다. 목표를 찾고, 그를 이루기 위해 모든 걸 걸어야 한다는 고든 램지의 성공 조언과도 상통하는 결과다.

재일한국인 3세로 태어나 가난과 차별을 딛고 디지털 시대 일본에서 가장 성공한 기업인이자 세계 IT 업계 거물이 된 손정의 일본 소프트뱅크 회장도 일찍부터 이 간단하지만 강력한 성공습관을 체화한 인물이다. 10대 시절부터 밥을 먹을 때도, 심지어 잠을 잘 때도 '무엇을 위해 살 것인가? 무엇을 이룰 것인가?'라는 생각을 내려놓는 법이 없었다는 게 손 회장의 회고다.

시대를 앞선 통찰과 시장의 허를 찌르는 승부수를 앞세운 성공 경영 스토리도 흥미롭지만 생의 목표를 찾고자 끊임없이 고민하고, 그를 실현하기 위해 전력투구한 삶의 자세야말로 '손정의 성공기'를 한층 돋보이게 하는 엑기스다.


1981년 3월 일본 후쿠오카현 오도시로시. 구석지고 허름한 건물 2층, 에어컨도 없는 작은 사무실에서 스물네 살의 새파란 청년이 과일 상자에 올라서서 고래고래 사자후를 토하고 있었다. 등 뒤에는 낡은 선풍기가 덜컥거리며 돌아가고 있었다.

"우리 회사는 세계 디지털 혁명을 이끌 것입니다! 앞으로 5년 뒤 매출 1백억 엔에 이르고, 30년 후엔 1조 엔, 2조 엔이 될 것입니다! 사업을 하겠다는 자가 어찌 1천억, 5천억을 숫자라 하겠습니까!"

청중은 갓 채용한 직원 두 명. 남자를 처다보는 두 사람의 얼굴엔 당황감이 역력했다. '미친놈'에게 제대로 걸렸다는 표정이었다. 얼마 안 가 이들은 차례로 회사를 도망치듯 나가버렸다.

컴퓨터 유통 업체였던 소프트뱅크의 시작은 이처럼 초라했다.

하지만 그로부터 꼭 30년이 흐른 2011년, 청년 손정의의 예고대로 소프트뱅크는 지금 매출 3조 엔(약 45조 원)을 헤아리는 거대 기업으로 성장해 있다. 직원들에겐 '정신 나간 헛소리'로 들렸던 그의 원대한 창업 일성은 결코 허세나 공상이 아니었던 것이다.

자산 81억 달러(약 8조 8천억 원)로 일본 최고 갑부 자리를 다투고, 「월스트리트저널」 등 세계 언론으로부터 세상을 바꿀 '제2의 스티브잡스'로 지목되는 손 회장의 성공은 '어떻게 살 것인가'라는 질문을 토대로 열아홉 살에 완성한 '인생 50년 대계'에 뿌리를 두고 있다. '20대에 이름을 날리고 회사를 일으킨다. 30대에 최소 100억 엔의 자금을 모으며, 40대에 필생의 승부수를 던진다. 50대에 사업을 완성해 60대에 후계자에게 사업을 넘긴다'는 계획이었다. 허황하게만 보이는 이 계획은 그에게 확고부동한 일생의 지침이 됐고, 이 비전을 현실화하기 위해 인생을 온전히 바쳤다. 소프트뱅크 창업 역시 큰 뜻을 이루기 위한 치밀한 전략의 산물이었다. 2011년 우리나라 한 신문에 연재한 회고록에서 손 회장은 소프트뱅크를 창업한 과정을 이렇게 밝히고 있다.

> "한 번뿐인 인생이다. 부모가 시켜서, 갑작스러운 인연으로, 돈이나 벌겠다는 욕심에 뭔가를 시작하고 싶진 않았다.
> 길을 한번 정하면 바꾸기 어렵다. 우왕좌왕하는 건 비효율

적이다. '오르고 싶은 산을 정하라. 그러면 인생의 반은 결
정된다.' 이 한 생각을 돛대 삼아 고민하고 또 고민했다. 내
꿈은 사업가다. 일생을 걸 만한 사업이 뭘까. 남이 안 하는
일, 세상을 바꿀 수 있는 일, 누군가에게 도움이 되는 일,
최고가 될 수 있는 일. 또한 절로 열의가 샘솟으며, 호기심
을 유지할 수 있고, 기술 혁신이 끊임없이 일어나는 분야여
야 했다." (「중앙일보」 2011년 9월 22일)

일찌감치 오르고 싶은 산을 정한 그는 소프트뱅크 창업을 첫 단
추 삼아 50년 대계를 차근차근 이뤄왔다. '신중히 계획하되, 반드
시 실행한다'를 인생의 철칙으로 삼아 그 누구보다도 열심히 일했
다. 그리고 어떤 일에도 쫄거나 도망치지 않았다.

"도망가지 않아요. 바위가 있으면 바위를 치우고 걸어가면
됩니다. 아니면 바위 한가운데를 쳐서 쪼개버려야죠. 그러
면 해결책이 나옵니다." (「한국경제」 2011년 6월 23일)

사업 초기 다국어 번역기 개발에 정신이 팔린 그가 결혼식에 지
각하는 바람에 결혼을 미뤄야 했다거나 20대 중반 만성 B형 간염
으로 죽음의 문턱까지 갔을 때도 닥치는 대로 책을 읽으며 사업 전

략을 구상했다는 유명한 일화는 용광로처럼 뜨거웠던 그의 열정을 고스란히 보여준다.

어떻게 살아야 할지 갈피를 못 잡고 방황하고 있다면 손 회장이 당대 젊은이와 기업가에게 던지는 호방한 메시지를 새겨볼 만하다.

> "세상이 문제네, 정치가가 잘못이네, 경기가 나쁘네, 그런 푸념 따위 해본들 소용없다. 세상은 바뀌지 않는다. 불평은 결국 본인의 그릇을 작게 만드는 것다. 그럴 시간이 있으면 목숨 던질 각오로 덤벼라. 그래야 파문이 일어난다." (이나리,『나는 거대한 꿈을 꿨다: 소프트뱅크 공인 손정의 평전』, 중앙m&b, 2012, 120쪽)

# CHAPTER 5

# 오늘이
# 인생의 마지막이라면
# 무엇을 할 것인가?

나무를 심기에 가장 좋은 때는 20년 전이었다.
두 번째로 좋은 때는, 바로 오늘이다.

— 중국 속담

# '지금 이 순간'을 잡아라

신문사 문화부에서 방송을 담당하던 2000년 즈음만 해도 TV 편성
표가 지면에서 상당한 비중을 차지했다. 그날 자 신문 발행면수가
24면이든 30면이든 TV 편성표는 늘 한 개 면을 떡하니 차지했고,
어쩌다 편성표에 오류라도 났다 하면 다음 날 독자들의 항의가 쇄
도했다. 편성표 크기를 줄이고 기사를 좀 더 넣어보려던 담당 기자
들의 갖은 시도는 안팎의 저항에 부딪혀 번번이 좌초되고 말았다.
들쭉날쭉한 일상에 쫓겨 TV를 등지고 살던 사람으로선 실로 이해
불가인 일이었다. 도대체 TV 편성표에 웬 관심들이 그다지도 많단
말인가? 그런데 이유가 있었다. 알고 보니 날마다 편성표를 따로
오려놓곤 보고 싶은 방송에 정성껏 표시한 뒤 시간에 딱딱 맞춰 해
당 프로그램을 본다는 이들이 의외로 많았던 것이다.

지금 돌이켜 보면 가히 격세지감이 느껴진다. '닥본사'(본 방송을 꼭 보겠다는 '닥치고 본방 사수'의 준말)의 경우를 제외하곤 요즘 TV 프로 그램을 제때 챙겨보는 사람은 그리 많지 않을 테니 말이다. 드라마든 예능 프로그램이든 스포츠 중계든 '본방'을 놓치면 '재방'이 있다. 재방도 못 챙겼다면 케이블 TV에서 다시 방송되기를 기다리면 된다. 아니면 인터넷에 접속해 해당 방송의 '다시보기' 코너나 '어둠의 경로'를 찾아봐도 된다. 클릭 몇 번이면 '응답하라 1997-윤제시원 키스 편', 'K팝스타-이하이 mercy 오디션', '스완지시티 기성용 출전 경기'를 원하는 시간에, 열 번 스무 번이라도 볼 수 있는 것이다.

영화도 다르지 않다. 극장에서 내려진 작품 중 상당수가 얼마 되지 않아 '어둠의 경로'에 등장한다. 보고 싶은 영화가 끝날세라 노심초사하는 것은 말 그대로 그때 그 시절의 일이다. 뿐이랴. 잘 나가는 학원 강사들의 대입 준비 강의도, 세계 석학의 명강의도 동영상으로 편집돼 아무 때나 얼마든지 다시 보기가 가능하다. 바야흐로 무한 반복, 무한 재생의 시대가 된 것이다. 사람들의 마음속엔 '이때'를 놓치면 안 된다는 절박함 대신 '나중' 혹은 '필요한 때'를 기약하는 느긋함이 자리 잡게 됐다.

# 인생엔 무한 반복이 없다

문제는 인생도 '무한 반복'되는 것처럼 여기는 사람들이다. 이들의 특징은 '다음에', '나중에' 등속의 '미룸어'를 입에 달고 사는 것이다.

홍보대행사 과장인 진아 씨는 '언제 한번'이 트레이드마크다. 만날 때마다 "언제 밥 한번 먹어요", "언제 한번 같이 가요" 등의 멘트를 빠뜨리지 않아서다. 그녀의 성품을 볼 때 분명 빈말은 아니건만 실제로 진아 씨와 밥을 먹거나 ○○에 함께 갔다는 사람은 손에 꼽을 정도다. 그런 진아 씨에겐 특별한 취미가 있다. 수첩에 하고 싶은 일을 적는 것이다. '투 두 리스트(To Do List)'라고 또박또박 적힌 제목 아랜 언제 꼭 한번 읽고 싶은 책, 해보고 싶은 일, 가고 싶은 여행지 등의 목록이 날마다 늘어난다. 하지만 그녀의 리스트는 좀처럼 줄어들지 않고 그놈의 '언제'는 아무리 기다려도 오지 않는 고도처럼 여간해선 도래하지 않는다.

월간지 편집기자인 동윤 씨도 비슷한 과다. 그의 레퍼토리는 '~해야 하는데……'다.

"그 친구한테 연락 한번 해야 하는데……."

"살 좀 빼야 하는데……."

"운동 좀 해야 하는데……."

하지만 동윤 씨 역시 '해야 하는데'가 '했다'로 바뀌는 법은 거의 없다. 친구와는 여전히 연락 두절 상태고, 뱃살은 예나 지금이나 두둑하며, 휴대전화에 저장해둔 헬스장 번호는 한 번도 눌려진 적이 없다. 그의 '해야 할 일'은 언제나 '해야 하는 상태'로 유예 중이다.

주변에서 진아 씨나 동윤 씨 같은 이들을 만나기는 그리 어렵지 않다. 바빠서, 더 급한 일이 있어서, 혹은 깜빡 잊고 등의 이유가 있겠지만 잘 뜯어보면 할 일을 나중으로 미루는 습관에 기인하는 경우가 많다.

특히 미디어의 무한 반복에 익숙한 젊은 세대일수록 '지금 이 순간'에 대한 간절함이나 절실함이 희박해지는 경향이 강하다. 서울 한 사립대학 교수로 있는 친구는 학생들에게 지금이 아니어도 나중이 있다는, 지금 못 하면 나중에 하면 된다는 사고방식이 보편화되고 있다고 걱정한다. 대학 강의도 동영상으로 대체됐으면 좋겠다는 학생들도 적지 않은데 이들의 공통점은 하나같이 '당장'을 붙들고 파고들 줄 모른다는 점이다.

신입 사원 교육을 담당하는 한 대기업 과장 친구도 비슷한 푸념을 한다.

"무슨 보고서를 만들어 보라고 하면 인터넷에서 찾아보겠다, 자료는 많다는 소리만 해. 세월아 네월아 컴퓨터만 들여다보면서 말이지. 도대체 급한 게 없어."

'나중'을 기약하는 습관은 이른바 완벽주의자 또는 완벽주의를 가장한 자신감 결여자들에게서도 흔하게 관찰된다. '아직 준비가 안 됐다' 또는 '상황이 좋지 않다'는 게 주된 이유다. 도대체 그들에게 완벽히 준비된 상태나 모든 게 퍼펙트한 상황이 오기는 하는 걸까?

## 나중은 지금 치열한 사람에게 온다

1996년 5월. 미 프로농구(NBA) 플레이오프 사상 최고의 빅매치로 꼽히던 시카고 불스와 올랜도 매직의 일전이 열렸다. 치열한 접전이 되리라던 세간의 예상과 달리 경기는 불스의 완승으로 싱겁게 끝났다. 경기종료를 알리는 버저가 울린 후 코트를 떠나려던 '농구 황제' 마이클 조던이 불쑥 멈춰 섰다. 그리고 상대편 한 선수의 귀에 이렇게 속삭였다.

"거기서 끝까지 버티고 절대로 내려오지 마. 네 시대가 오고 있으니."

황제의 점지를 받은 선수는 바로 샤킬 오닐이었다. 당시 스물네 살이던 오닐은 이후 조던의 예언대로 시즌마다 맹활약을 펼치며 팀의 승승장구를 이끌었고, 1990년대 후반부터 2000년대 중반까지 NBA 최강의 센터로 군림했다. 하킴 올라주원, 패트릭 유잉, 데이비드 로빈슨 같은 걸출한 센터가 넘쳐났던 가운데서도 단연 돋보이는 활약이었다.

신장 216cm, 체중 147kg이라는 뛰어난 신체조건에 파워와 스피드를 겸비한 오닐은 1992년 NBA 신인 드래프트 전체 1순위로 올랜도 매직에 입단하며 일찍부터 차세대 기대주로 주목받았다. 하지만 그는 철갑상어 같은 외모와는 달리 연약한 내면의 소유자였다는 게 주변 사람들의 증언이다. NBA 통산 최다 우승 기록을 보유한 명감독 필 잭슨은 저서 『마지막 시즌』에서 오닐을 두고 "전무후무한 센터이나 의외로 에고가 나약했다"고 기록하고 있다. 사실 그가 농구를 하게 된 계기도 나약한 아들을 '남자'로 만들어보려는 어머니의 권유였다고 한다.

1972년 미국 뉴저지 주 뉴워크에서 태어난 오닐은 어린 시절부터 또래에 비해 몸집이 컸다. 불과 열한 살 무렵에 키가 190cm를 넘어섰을 정도다. 하지만 무섭게 성장하는 신체에 비해 소년의 자아는 턱없이 작았다. 친구들은 덩치만 큰 오닐의 이름(샤킬)에 '고릴라'를 합성해 '샤킬라'라 부르며 놀려댔고 그럴수록 오닐은 한없이 위축되고 말았다. 어머니는 이런 아들에게 남자다운 자신감과 강인함을 불어넣고자 농구를 시켜보기로 했다.

어머니의 손에 이끌려 시작한 농구는 그에게 신천지였다. 힘이 좋고 민첩했던 오닐은 농구코트를 종횡무진 휘젓기 시작했고 그는 얼마 안 가 또래의 ‘영웅’이 됐다. 소심한 고릴라(샤킬라)에서 위풍당당한 흑상어(샤크)로 환골탈태한 것이다.

텍사스 주 샌안토니오 콜 고등학교에 진학한 후 그는 역시 농구로 두각을 나타냈다. 그의 실력은 타의 추종을 불허했고 교내 신문은 연일 오닐의 활약상을 커버스토리로 대서특필했다. 그는 피 냄새 맡은 상어처럼 농구코트를 누볐고 자타가 공인하는 교내 최고의 스타로 군림했다.

하지만 졸업반 진급을 앞둔 열일곱 살 여름 상어의 폭풍질주에 급제동이 걸렸다. 청운의 꿈을 안고 NBA의 등용문 격인 전국 농구캠프에 참가하게 되면서다. NBA 진출을 꿈꾸는 선수라면 누구나 두드리는 여름 캠프는 실로 피 말리는 경쟁의 연속이었다. 미국 전역에서 내로라하는 선수들이 모인 ‘전국구 농구’는 샌안토니오의 동네 농구와는 차원이 달랐고 하늘을 찌를 듯 높던 오닐의 자신감도 완전히 꺾이고 말았다. 캠프에 함께 참가했던 알론조 모닝, 짐 잭슨 같은 쟁쟁한 아이들에 비하자니 자신은 그저 우물 안 개구리처럼 느껴질 뿐이었다. 일찍부터 개인 지도를 받고 최고급 운동복까지 빼입은 그들을 곁눈질하며 오닐은 농구 코트는 자신이 있을 곳이 아니라는 절망감에 휩싸였다. 거울 속에는 당당한 상어 대신 오래전에 사라졌던 겁쟁이 고릴라가 다시 어깨를 웅크리고 있었다. 오닐은 자포자기의 심정으로 어머니를 찾아갔다.

풀죽은 아들에게 어머니는 다정하게 말했다.

"얘, 한번 힘껏 그 아이들과 맞서 봐. 지금처럼 좋은 기회가 또 어디 있니? 네 실력을 마음껏 보여주라고."

오닐은 기어들어가는 목소리로 중얼거렸다.

"지금 당장은 힘들 것 같아요. 나중이라면 모를까."

나중에. 좀 더 실력을 쌓은 다음에. 아마도 다음번에……

어머니는 말없이 오닐을 바라봤다. 잠시 후 어머니는 엄한 목소리로 물었다.

"나중이 올 것 같니?"

오닐은 뭔가에 얻어맞기라도 한 듯 그저 눈만 껌뻑이고 있었다. 어머니는 단호하게 잘라 말했다.

"나중은 누구에게나 오는 게 아니란다."


오닐은 훗날 바로 그 순간 자신의 인생이 바뀌었다고 회상했다. 나중이 오지 않는다면? 어머니의 질문은 나약해진 정신의 등짝을 후려치는 죽비와 같았다. 기회는 지금, 오직 지금뿐이다.

오닐은 이날 이후 '나중은 없다'는 각오로 농구에 모든 것을 쏟아부었고, 캠프가 끝나갈 즈음 단연 최고의 선수로 꼽히게 됐다. 그리고 우리가 이미 알고 있는 것처럼 그 해 NBA 드래프트 1위를 차지했다. 그를 주눅 들게 했던 알론조 모닝(4위)과 짐 잭슨(2위)을 보란 듯이 제치고 말이다.

열일곱 살 샤킬 오닐에게 주어진 '나중이 올 것 같으냐'는 물음은 그에게 '지금'에 대한 절실함을 불어넣었고 결국 그가 당대를 풍미한 무적의 농구 센터로 도약하는 버팀목이 됐다.

나약함을 극복하고 농구계의 슈퍼스타로 성공한 오닐은 이렇게 말한다.

"지금 최선을 다하라. 절대 나중을 기다리지 마라. 뒷자리에서 얼쩡거리지 마라. 열정을 바쳐 노력하라." (말로 토마스, 『나를 바꾼 그때 그 한마디』, 김소연 옮김, 여백미디어, 2003, 210쪽)

## 오늘이 내 인생의 마지막 날이라면

인생은 흐른다. 우리가 우왕좌왕하는 사이에도, 우리가 넋 놓고 있는 사이에도. 그리고 두 번 다시 돌아오지 않는다. "당신이 헛되이 보낸 오늘은 어제 죽은 이가 그토록 그리던 내일이다"라는 경구에 가슴 한구석이 울려오는 사람이라면 2011년 가을 세상을 떠난 스티브 잡스 애플 전 CEO의 열정에 불을 질렀던 평생의 질문에 귀를 기울여볼 만하겠다.

침대가 가구가 아니라면, 그는 기업인이 아니었다. 스티브 잡스는 디지털 시대 혁신과 창조의 아이콘이었다. 그가 내놓는 제품은 전 세계에 광풍을 일으키고 산업의 패러다임을 뒤바꿨다. 그의 말 한마디, 패션 스타일이 전 세계적 화제가 됐고 애플 마니아들은 그를 우상화하는 데 주저함이 없었다. 손정의 일본 소프트뱅크 회장 같은 이들은 혁신과 창조에 대한 잡스의 열정을 들며 그를 '21세기 레오나르도 다빈치이자 볼프강 아마데우스 모차르트'라 극찬하곤 했다. 그가 숨을 거뒀을 때 전 세계 언론은 일제히 그의 사망 소식을 긴급 뉴스로 전하며 그와의 이별을 애도했다.

그가 살아 있을 때 사람들은 애플 신화의 비결로 '다르게 생각하라(Think Different)'를 주로 떠올렸다. '다르게 생각하기'를 주제로 한 성공 비결서도 봇물처럼 쏟아졌다. 하지만 그의 죽음 이후 그가 인생의 결정적 순간마다 의지했던 보다 근원적인 화두에 사람들의 관심이 쏠렸다. 바로 '오늘이 인생의 마지막 날이라면?'이라는 물음이었다. 이 질문은 그가 남과 다른 방식으로 생각하고 행동할 수 있었던 용기의 원천이기도 했다. 2005년 미국 스탠퍼드대학 졸업식 연사로 초청된 잡스는 축사에서 이렇게 말했다.

"열일곱 살 때, 이런 경구를 읽은 적이 있습니다. '하루하루를 인생의 마지막 날처럼 산다면, 언젠가는 바른길에 서 있을 것이다.' 이 글에 감명받은 저는 그 후 쉰 살이 되도록 매일 아침 거울을 보면서 자신에게 묻곤 했습니다. '오늘이 내 인생의 마지막 날이라면, 지금 하려고 하는 일을 할 것인가?' 아니오! 라는 답이 계속 나온다면, 다른 것을 해야 한다는 걸 깨달았습니다."

이어 그는 인생의 중요한 선택의 순간에 놓일 때마다 곧 죽을 수도 있다는 사실을 환기하는 것이 가장 중요한 도구가 됐다고 고백했다. 죽음 앞에선 주변의 기대, 자부심과 자만심, 실패나 수치스러움에 대한 모든 두려움은 사라지고, 오로지 '진정 중요한 것'만을 돌아볼 수 있었기 때문이다. '오늘이 인생의 마지막 날이라면'이라는 질문을 붙잡고 그는 누구도 가지 않는 새로운 길을 모색했고, 거침없이 도전할 용기를 냈으며, 두려움 없이 전진할 동력을 얻었다.

자신이 만든 회사에서 쫓겨났던 잡스가 화려하게 재기한 것도, 아이폰이라는 섹시한 '괴물'로 세상을 놀라게 한 것도, 나아가 평생의 반려자 로렌 파월을 만난 것도 이 질문 덕분이었다.

애플을 퇴사한 후 스탠퍼드대학 캠퍼스에 넥스트(NeXT)를 창업한 스티브 잡스는 종종 이 대학에서 강연을 하곤 했다. 1989년 어느 날. 대학원생을 상대로 강연에 나섰던 잡스는 청중석에 있던 금발의 여학생을 보고 첫눈에 반해버렸다. 하지만 강연 후엔 사업상 긴급한 미팅 일정이 잡혀 있었다. 강의실을 뒤로하고 바쁜 걸음을 재촉하던 그의 가슴 한구석에서 불쑥 평생을 함께해온 질문이 고개를 들었다.

'오늘이 내 인생의 마지막 날이라 해도, 지금 미팅에 갈 것인가?'

답은 생각하나 마나였다. 잡스는 그 길로 다시 강의실로 되돌아가 그녀에게 데이트를 청했다. 지금이 아니면 평생을 후회할 것이라는 내면의 경보 때문이었다.

잡스의 발을 되돌려 세운 여인은 당시 스탠퍼드대학원에서 MBA 과정을 밟고 있던 로렌 파월. 두 사람은 그날 저녁 식사를 함께했고 명석하고 지적인 데다 잡스처럼 채식주의자라는 공통점까지 지녔던 파월은 그를 흠뻑 사로잡았다. 두 사람은 2년간의 열애 끝에 1991년 결혼해 가정을 이뤘다. 잡스의 아내가 된 파월은 남편의 낭만적이고 반사회적이면서, 감각적이고 과학적인 세계관, 비즈니스적 성향을 보완했고, 그 모든 것을 하나로 묶어내는 역할을 했다고 잡스의 공식 전기 작가 월터 아이작슨은 평한 바 있다.


## 기회는 늘 지금뿐이다


오닐과 잡스의 질문이 던지는 메시지는 명쾌하다. 중요한 일을 지금

하라는 것이다. 이들의 질문은 일의 우선순위를 가리고, 해야 할 일에 열정적으로 매달리도록 하는 자극제가 된다. 더불어 허송세월을 최소화하고 내일 져야 할 짐의 크기를 줄이는 보너스도 선사한다.

물론 '지금'만이 절대적인 성공 또는 유일한 성공을 보장한다고는 할 수 없다. 오닐은 그다음 해 더 출중한 실력으로 보다 화려하게 데뷔했을 수도 있고, 잡스에겐 다음 강의에서 더 멋진 여성을 발견했을 수도 있다. 하지만 더 중요한 것은 삶을 대하는 태도다. 오늘을 마지막처럼 사는 사람에게 적어도 후회는 없다. 후회 없는 인생과 후회로 점철된 인생의 성공지수에는 분명 차이가 있다.

일찍이 주자는 "오늘 배울 것을 내일로 미루지 말고 올해 배울 것을 내년으로 미루지 말라. 세월은 나를 기다려주지 않으니 늙어 후회한 들 누구를 탓하랴"라고 했다. 주자의 가르침보다 훨씬 간결하고 마음에 확 와 닿는 세간의 명언은 이렇다.

"오늘 걷지 않으면 내일 뛰어야 한다."

당신이 미뤄둔 일은 무엇인가? 해야 하는데 망설이는 일은 무엇인가? 왜 지금 하지 않는가?

# 그에게 나중은 없었다

● … 그리스 도시국가 시절 알카아스라는 왕이 디베라는 도시를 다스리고 있었다. 왕은 어느 날 저녁 성대한 연회를 베풀었다. 연회장에는 상다리가 부서져라 산해진미가 차려졌고 항아리마다 최고급 술이 그득그득 채워졌다. 흥겨운 음악이 흐르고 잔치가 무르익어갈 즈음이었다. 시종이 왕에게 밀봉된 봉투 한 장을 가져왔다. 한창 흥취에 젖어 있던 왕은 나중에 보겠노라며 봉투를 옆으로 밀쳐뒀다. 잠시 후 아리따운 무희들이 궁으로 들어와 춤을 추기 시작했다. 여인들의 매혹적인 몸짓에 넋을 잃은 왕에게 한 무희가 미끄러지듯 다가왔다. 여인은 전광석화와 같은 속도로 품 안에 숨겨둔 칼을 뽑아 왕의 목을 깊숙이 찔렀다. 왕은 그 자리에서 즉사했다. 연회장은 아수라장이 됐고 암살현장을 살피던 신하 한 명이 상 구석에 놓인 봉투를 발견했다. 봉투를 열어보니 '자객이 무희로 변장해 왕을 암살할 것'이라는 경고편지가 들어 있었다. 알카아스 왕에게 '나중'은 주어지지 않았다.

# CHAPTER 6

# 죽은 후에
# 어떤 사람으로
# 기억되고 싶은가?

훌륭하게 죽는 법을 모르는 사람은 한마디로
살았을 때도 사는 법이 나빴던 사람이다.

— 토마스 풀러

# 껄.껄.껄. vs 껄껄껄

사람은 죽을 때 '껄.껄.껄.' 하며 간다고 한다. "좀 더 베풀'껄'. 좀 더 용서할'껄'. 좀 더 재밌게 살'껄'." 하고 후회하며 세상을 뜬다는 얘기다.

비슷한 류로 이런 이야기도 있다. 죽은 후 지옥과 천국에서 똑같이 들을 수 있는 소리가 바로 '껄껄껄'이라는 것이다. 단, 천국은 즐겁게 껄껄껄 웃는 소리요, 지옥은 "착하게 살껄", "싸우지 말껄", "죄 짓지 말껄" 하고 후회하는 소리란다. 두 이야기 공히 이 한 세상 후회하지 않도록 좀 더 잘 살아보라고 촉구하는 메시지를 담고 있다.

2012년 2월 초, 영국 일간지 「가디언」에는 출처 모를 이 오래된 지혜들을 새삼 상기시키는 기사 한 꼭지가 실렸다. 수년간 임종을 앞둔 환자를 돌봐온 간호사 브로니 웨어가 그 주인공이다.

호주 한 병원의 호스피스 병동 간호사로 일하는 브로니는 수년에 걸쳐 생의 마지막 자락에 선 환자들이 가장 후회된다고 털어놓은 소회를 블로그에 기록했다. 이 블로그는 국경을 넘어 큰 반향을 일으켰고 그는 그 내용을 『말기 환자들이 가장 후회하는 5가지』라는 제목의 책으로 펴냈다.

기사에 따르면 브로니는 임종을 앞둔 환자들에게 '후회되는 것, 또는 다른 길을 택했더라면 좋았을 것'이 있는지 물었다. 삶의 모양은 저마다 달랐지만 흥미롭게도 답변은 거의 비슷했다. 수많은 환자들이 꼽은 공통된 후회 5가지는 다음과 같았다.

"남들의 기대보다 내 뜻과 꿈에 좀 더 충실할걸……."
"일에만 매달리지 말걸……."
"감정을 솔직하게 표현하며 살걸……."
"오랜 친구들을 더 잘 챙기며 살걸……."
"행복하기 위해 조금 더 노력할걸……."

그들의 후회에 대해 브로니는 이렇게 기록했다.

"놀랍게도 수많은 사람들이 행복도 선택이라는 사실을 몰

랐다고 고백했다. 변화에 대한 두려움 때문에 현재가 만족
스럽다며 스스로 기만하고 이른바 익숙함이라는 편안함에
안주해 더 행복해지기를 선택하지 못했다는 것이다.”

그가 전한 죽음을 앞둔 이들의 깨달음은 결국 '행복한 삶'을 사
는 지혜로 귀결된다. 세상의 가치에 맞추기보다 자신이 정말 원하
는 꿈을 이루는 데 에너지를 쏟을 것, 가족 및 친구들과 시간을 더
보내고, 더 자주 왕래하며, 행복하기 위해 과감히 도전할 것. 이것
이야말로 마지막 순간을 후회 대신 행복감으로 충만케 하는 비결
이라는 얘기다.

이 비결을 활용해 '후회 없는 삶'에 다가서기 위해서는 '정말 원
하는 꿈, 가치 있는 삶'을 발견하고, 그를 위해 과감히 도전할 수 있
어야 한다. 지금부터 그 실천과제를 해결하는 데 유용한 두 가지
도구를 소개해볼까 한다.


## 그들의 기억과 당신의 바람 사이


아빠와 여덟 살 난 아들이 공원묘지를 지나가고 있었다. 묘비에 적
힌 비문들을 눈여겨보던 아들이 물었다.

"그런데 아빠, 나쁜 사람들은 다 어디에 묻혔나요?"

'묘비명의 후한 인심'이라는 서양 유머다. 요즘 유행하는 개그 프로그램 타이틀을 빌려 '묘비명의 불편한 진실'이라 불러도 제격이겠다. 한 토막 우스개라지만 인간사의 일면을 예리하게 꿰뚫어낸 통찰이 수준급이다.

동서고금을 막론하고 고인(故人)에 대해선 박한 말을 삼가는 게 예의. 떠난 이의 유지(有志)든 남은 이들의 의지든 묘비명이 무덤 주인의 삶을 있는 그대로 압축했다고 보기는 사실 어렵다. 실상은 고인 혹은 주변인들의 희망 사항을 반영했다고 보는 게 더 정확할 것이다.

몇 년 전 김수환 추기경, 법정 스님 등 사회적으로 존경받던 큰 어른들이 세상을 떠난 이후 자신의 삶을 돌아보고 값진 인생을 꾸려가는 방법으로 '묘비명 써보기'가 부쩍 관심을 받게 됐다. 죽음이야말로 '어떻게 살 것인가'를 진지하게 고민하도록 하는 가장 효과적인 도구라는 점에서다. 살날이 유한하다는 각성은 인간을 겸손하게 하고, 마음을 비우게 하며, 인생의 초점을 보다 본질적인 가치에 맞추도록 인도한다.

그런데 묘비명 쓰기엔 어지간해선 피해 가기 어려운 함정이 있다. '관객'을 의식하게 된다는 것이다. 어쩐지 멋지고 위트가 넘치면서도, 문학적 필(feel)이 팍팍 나는 '작품'을 만들어내야 할 것 같은 허세 내지는 부담감이 은근슬쩍 끼어들기 십상이다. "어영부영 하다가 이럴 줄 알았지"라 했던 버나드 쇼의 '명(名)묘비명'까지는 못 미치더라도 누가 봐도 제법 그럴듯한 '한 줄'을 써내고 싶다는 무의식적 욕망에 신경이 가기 마련이다. 이러다 보면 묘비명 쓰기는 삶과 자아 성찰이라는 본연의 목적 대신 자칫 자기 피알용 '죽이는 한 줄'을 만드는 작업으로 변질되기 쉽다.

현대 경영학의 아버지 피터 드러커는 죽음을 매개로 생의 대목표를 찾는 데 보다 실용적인 도구를 제안했다. 바로 '죽은 뒤 어떤 사람으로 기억되고 싶은가?'라는 질문이다. 드러커는 지식근로자를 위한 필독서로 꼽히는『프로페셔널의 조건』에서 이런 일화를 들려주고 있다.

열세 살 무렵, 드러커가 다니던 학교에는 필리글러라는 신부가 담당하는 종교수업이 있었다. 어느 날 수업 시간. 교실에 들어온 신부는 학생들의 이름을 하나하나 부르며 물었다.

"넌 죽은 뒤에 어떤 사람으로 기억되고 싶니?"

어린 티가 채 가시지 않은 10대 초반 아이들에게 죽음은 멀고 먼 '남의 일'일 뿐, 입을 떼는 학생은 한 명도 없었고 교실은 침묵에 잠겼다.

잠시 후 신부는 웃음 띤 얼굴로 말했다.

"너희들이 이 질문에 대답할 수 있으리라곤 기대하지 않았다. 하지만 너희가 50세가 되어서도 이 질문에 대답할 수 없다면, 인생을 잘못 살았다고 봐야 할 거다."

드러커는 이날 필리글러 신부의 질문이 자신을 비롯해 교실에 있던 친구들을 완전히 바꿔놓았다고 말했다. 인생의 목적과 자신이 추구하는 진정한 가치를 찾게 도와주는 나침반을 손에 쥐는 순간이었기 때문이다. 드러커와 친구들은 당시 그 질문을 100% 이해하진 못했다. 하지만 저마다 가슴에 그 질문을 선명히 아로새겼고 그 답을 찾고자 노력하며 인생을 헤쳐갔다. 질문에 대한 답은 세월이 흐르면서, 또 각자 처한 상황에 따라 달라졌을 것이다. 하지만 중요한 포인트는 그 질문을 잊지 않고 평생 푯대로 삼았다는 점이다.

드러커는 세상을 떠나기 얼마 전 그 질문에 대한 답으로 "나는 여러 사람들이 목적을 달성할 수 있도록 도와준 사람으로 기억되길 원했다"라고 말했다. 그리고 전 세계 수많은 이들은 드러커를 그의 바람 그대로 기억하고 있다.


아직 창창한 나이, 죽음이란 '가까이하기엔 아직 먼 당신' 같은가? 그렇다면 질문을 조금 바꾸어보라. '세상을 떠난 후'라는 드러커의 전제는 얼마든지 다양하게 변주될 수 있다.

학교, 직장, 현장, 조직, 공동체……. 그 어디든 당신이 존재하던 곳에서 떠났을 때, 주변인들에게 당신은 어떻게 기억될까? 그들의 기억은 당신의 바람과 과연 일치할까? 대답이 망설여진다면 우리는 삶의 방향을 재정비할 필요가 있다. 그 간격을 좁히려면 어떻게 해야 할지를 진지하게 자문해보아야 한다.


## 후회 최소화 프레임워크 사용법


이쯤 해서 불만을 토로하는 독자도 있을 것 같다. 앞서는 "지독히 열심히 일하라"는 누군가의 조언을 소개해놓곤 이제 와선 "일에만 매달리지 말라"는 조언이라니, 대체 어느 장단에 춤을 추라는 말인가? 하고 말이다.

요점은 '행복'에 있다. 생의 어떤 조합이 자신에게 가장 큰 행복감을 주는지를 명확히 따져볼 필요가 있다. 정해진 답은 없다. 사람마다 그 비율은 다르기 때문이다. 인생이 게임이라면 어떤 이에겐 일이(꼭 직장이 아니더라도), 어떤 이에겐 사회적 성취가, 어떤 이에겐 가정이 행복과 기쁨 레벨을 급격히 올리는 파워 아이템이 된다.

미국의 유명한 여성 앵커 바바라 월터스의 이야기를 들어보자. 월터스 역시 평생 직장과 가정의 균형이라는 문제로 머리를 싸맸다. 그는 종종 후배 여성들에게 "멋진 일과 멋진 결혼생활, 멋진 자녀들. 이 세 가지를 동시에 다 가질 수는 없다"고 들려주곤 했다. 오랜 세월 진행하던 프로그램 「20/20」을 떠나면서 오프라 윈프리와 가진 인터뷰에서 그는 이렇게 고백했다.

> **오프라:** 바버라 월터스라는 존재가 어떤 의미를 갖는가요?
>
> **바버라:** 확실히는 모르겠어요. 축복받은 삶이라는 건 알지만 지금도 여전히 부족하다는 걸 느낍니다. 나는 요리도 할 줄 모르고 운전도 못해요. 내가 살아온 삶을 되돌아볼 때마다 항상 이런 생각이 듭니다. 내가 어떻게 살아온 거지? 왜 좀 더 즐기며 살지 않았지? 너무 일만 열심히 하느라 제대로 보지 못하고 산 게 아닌가? (바버라 월터스, 『내 인생의 오디션』, 이기동 옮김, 프리뷰, 2009, 736쪽)

월터스는 인생에서 후회되는 일로 딸과 함께 많은 시간을 보내지 못한 것을 꼽았다. 하지만 이렇게 덧붙였다.

> "그런데 한편으론 이런 생각이 듭니다. 만약 딸과 시간을 더 많이 보냈더라면 지금의 내가 있었을까?"

누구든, 특히 워킹맘이라면 월터스의 딜레마에 깊이 공감할 것이다. 자신이 진정 추구하고 싶은 가치와 목표를 찾는 것이 중요한 이유가 여기에 있다. 확고한 목표와 가치가 세워졌을 때 후회를 가장 줄이는 길을 찾을 수 있기 때문이다. 드러커의 질문을 다시 상기해보라. 그 답을 새겼다면 이제 다른 또 다른 질문으로 넘어가보자.

## 다시 한 번 똑같이 살아도 좋다는 마음으로

인생의 목표를 세웠다면 그를 이루기 위한 도전이 뒤따라야 한다. 크건 작건 도전에는 언제나 선택지가 붙어 있기 마련이다. "죽느냐 사느냐 그것이 문제로다"라며 고뇌하던 햄릿처럼 할 것인지 말 것인지, 과연 이것이 옳은 선택일지, 공연히 인생을 그르치는 지름길은 아닐지, 해놓고 후회하진 않을지를 끊임없이 고민하고, 또 갈등하게 된다. 중대한 선택일수록 망설임은 커질 수밖에 없다. 그런 사이 금쪽같은 시간은 뭉텅뭉텅 흘러만 간다.

세계 최대 전자상거래 기업인 미국 아마존 창업주이자 CEO인 제프 베조스에겐 중요한 선택의 순간마다 꺼내 드는 독창적인 판단 기준이 있다. 이름 하여 '후회 최소화 프레임워크'다.

프린스턴대학에서 컴퓨터공학을 전공한 베조스는 졸업 후 탁월한 능력을 발휘하며 성공 가도를 쾌속 질주했다. 벤처기업을 거쳐 월스트리트 투자은행에서 초고속 승진을 거듭해 26세에 역대 최연소 부사장에 올랐고, 28세엔 뉴욕의 한 헤지펀드 회사 부사장으로 스카우트돼 100만 달러의 연봉을 받게 됐다. 하지만 어려서부터 창의적이고 인간미 넘치는 인생을 꿈꿨던 그에게 헤지펀드 업무는 그다지 매력적이지 못했다.

2년여가 흐른 1994년 어느 봄날이었다. 사무실에서 신문을 읽던 베조스의 눈이 한 기사에 고정됐다. 인터넷 사용이 연 2,300%씩 증가하고 있다는 통계 분석이었다. 2,300%! 놀라운 성장세였다. 그의 머리는 바쁘게 움직이기 시작했다.

'이런 성장 기회에 해볼 만한 사업은 뭐가 있을까?'

그의 머릿속에 인터넷에서 사고팔 수 있을 만한 품목이 주르륵 펼쳐졌다.

'레코드, CD롬, 꽃, 컴퓨터, 소프트웨어, 책…… 책!'

그는 득달같이 상사에게 달려갔다.

"저 미친 짓을 해볼까 해요. 온라인으로 책을 사고파는 회사를 차릴 겁니다."

잠자코 그의 얼굴을 쳐다보던 상사는 자리에서 벌떡 일어섰다.

"우리 좀 걷지 않겠나?"

두 사람은 회사 인근 센트럴파크로 갔다. 2시간 동안 공원을 걸으며 베조스의 아이디어를 듣고 난 상사는 말했다.

"이보게. 정말 훌륭한 아이디어네. 그런데 말이지, 좋은 직장을 가진 사람이 해볼 만한 일은 아닌 듯싶네."

그는 베조스에게 최종 결정을 내리기 전 48시간 동안 심사숙고해보라고 권했다. 갈등하던 베조스는 아내의 의견을 물었다. 아내는 남편의 손을 잡았다.

"여보. 나는 당신을 100% 믿어요. 뭘 하든 말이에요."

선택은 온전히 베조스의 몫이었다. 베조스는 선택을 도와줄 판단 기준을 찾기 시작했다. 좋은 수가 떠올랐다. 자신이 현재 80세라 가정하고 삶을 되돌아보며 후회를 가장 줄일 방법을 찾아보자고 생각했다.

'내가 지금 80살이라면?'

그는 이 질문에 서른 살에 회사를 차린 것을, 더구나 이처럼 무궁무진한 성장 가능성이 보이는 인터넷 사업에 뛰어든 것을 후회하지 않으리라는 확신이 섰다. 베조스는 주저 없이 사표를 던졌다. 연봉 100만 달러짜리 직장을 박차고 나와 창고에 컴퓨터 한 대를 놓고 아마존을 창업했다. 그리고 닷컴신화의 최선봉이자 산업지형도를 바꾼 혁신가이자 세계적 거부로 우뚝 섰다.

그는 한 인터뷰에서 당시를 이렇게 회상했다.

"설령 실패하더라도 후회는 없었을 겁니다. 하지만 시도조차 하지 않았다면, 틀림없이 후회될 거라는 생각이 들었습니다. 그러고 나니 결정이 한결 쉬워지더군요."

그는 선택의 기로에 선 모든 이들에게 말한다.

"여든 살이 됐다고 가정하고 그때 당신이 어떻게 생각할 것인지 생각해보십시오. 그럼 결정을 가로막는 일상적인 혼란에서 벗어날 수 있을 겁니다."

베조스가 강력하게 추천하는 '후회 최소화 프레임워크'는 창업 같은 진로 결정에만 국한되지 않는다. 궁극적으로는 '후회 없는 삶', 즉 '행복'을 택하는 데 상당한 도움을 준다. 그러고 보면 베조스의 조언은 미국 소설가 마크 트웨인이 했던 명언과도 맞닿아 있다.

"앞으로 20년 후에 당신은 저지른 일보다는 저지르지 않은 일에 더 실망하고 후회하게 될 것이다. 그러니 지금 밧줄을 풀고 안전한 항구를 벗어나 항해를 떠나라. 탐험하고, 꿈꾸며, 발견하라."

입에서 입으로 전해지는 세간의 충고는 좀 더 심플하다.

"살까 말까 고민되면 사지 말고, 할까 말까 고민되면 그냥
하라."

# 어떻게 기억될 것인가?

● … 세기의 명배우로 당대를 풍미했던 영국의 로렌스 올리비에 경은 생전 바버라 월터스와 가진 인터뷰에서 "장인(workman) 같은 사람으로 기억되고 싶다"고 말했다.

> "나는 시인도 장인이라고 생각해요. 내 생각에는 셰익스피어도 장인이었어요. 하느님도 장인이지요. 나는 장인보다 더 훌륭한 사람은 없다고 생각합니다."

그는 연기에 모든 것을 바쳤고, 평생 충실했으며 연기의 장인으로 남았다.

● … 1980년대 촉망받는 테니스 선수였던 안드레아 예거는 갑작스러운 부상으로 더 이상 선수 생활을 하지 못하게 됐다. 하지만 그는 절망하지 않았고 수녀가 되어 불치병에 걸린 아이들을 위해 헌신했다. 그는 훗날 "사람들이 당신을 어떻게 기억하기를 원하느냐"는 한 방송 진행자의 질문에 이렇게 답했다.

희망을 빼앗긴 아이들을 진정 사랑했던 예거의 진심이 고스란히 담긴 답
변이었다.

● … 2010년 타계한 법정 스님도 '기억되지 않기'를 원했다. 스님은 유
언장에서 "내가 떠나는 경우 내 이름으로 번거롭고 부질없는 검은 의식을
행하지 말고, 사리를 찾으려고 하지도 말며, 관과 수의를 마련하지 말고,
편리하고 이웃에 방해되지 않는 곳에서 지체 없이 평소의 승복을 입은 상
태로 다비(茶毘)하여 주기 바란다"고 했다. 역설적이게도 스님은 죽은 후
까지 무소유를 실천한 존재로 '기억'됐다.

# CHAPTER 7

# 내 삶은
# 나아가고
# 있는가?

개선을 중지하는 사람은 현상유지도 못 한다.

— 올리버 크롬웰

## '왕년'으로 먹고살 텐가

신문사에 입사하고 얼마 안 됐을 때다. 수습 훈련을 받던 부서엔 연배가 꽤 되는 선배 둘이 있었다. 평소 대화할 기회가 많지 않았던 A 선배가 어느 날 열린 회식에 자리를 함께했다. 술자리가 무르익었을 무렵, 그는 신입사원들의 앞날을 축복하는 짤막한 덕담에 이어 '왕년담'을 풀기 시작했다. 눈이 휘둥그레질 만한 취재 비화와 손에 땀을 쥐게 하는 특종기가 꼬리를 물고 이어졌다. 막 기자생활을 시작한 신입들에겐 실로 흥미 만점이었다. 고개는 절로 끄덕여지고 존경심마저 우러나왔다. 그런데 두 번째, 세 번째 회식을 지나면서 그 존경심은 흔적도 없이 사라졌다. 판화를 찍어내듯, 녹음기를 다시 돌리듯, 똑같은 레퍼토리가 되풀이됐기 때문이다. 기승전결은 물론 중간 쉬었다 가는 지점까지, 토씨 하나 달라지지 않고

무한 반복됐다. 같은 이야기를 하도 여러 번 듣다 보니 내용은 물
론 박자와 동작까지 달달 외울 지경이었다.

'이쯤 이야기를 잠깐 멈추고……'

"그 순간 그자가!"

'좌우를 천천히 둘러본 다음……'

"하지만 거기서 나라고 가만히 있었겠나. 어떻게 됐느냐면!"

"두 사람은 오래오래 행복하게 살았습니다"라는 옛 동화의 한결
같은 마무리처럼, 눈부신 활약으로 대특종을 터뜨린 후 그 기사가
두고두고 업계의 전설이 되었다는 결말이 나오고서야 A 선배의 길
고 긴 이야기는 마침표를 찍었다. 그 무용담은 전설이 됐다지만, 그
선배와의 술자리는 후배들에게 고문이 되고 말았다.

또 다른 선배 B와의 술자리는 한층 고역이었다. 술이 한 바퀴 돌
고 나면 "니들 그렇게 살지 마"로 시작되는 훈계성 레퍼토리가 저
녁 8시에 시작해 새벽 1시 근방까지 이어졌다. 후배들은 근 5시간
동안 등을 꼿꼿이 편 채 "내가 니들만 할 땐 말야~" 내지는 "요즘
것들은 하여간~" 등으로 연결되는 충고를 들어야 했다. 처음에야
피가 되고 살이 되겠거니 귀를 쫑긋 세웠지만, 매번 단 한 번도 어
김없이 똑같은 가르침의 재탕 삼탕을 들어야 하는 일은 정말이지
견디기 힘든 노릇이었다.

A와 B 선배가 속칭 '고문관'으로 불리며 후배들의 기피대상이

되기까지는 그리 오랜 시간이 걸리지 않았다. 아이러니한 것은 두 분 모두 '한창때'는 누구 못지않게 앞선 감각과 참신한 발상을 인정받았다는 사실이었다.

그 후 세월은 쏜살같이 흘러 10여 년이 지났다. 파릇파릇 신입이었던 나도 어느새 '중견'이 되어 있었다. 그런데 어느 날이었다. 문득 무서운 사실을 깨달았다. 언젠가부터 내가 출입처 관계자 혹은 후배들을 만날 때마다 몇 가지 옛날이야기를 되풀이하고 있음을 발견한 것이었다. 경험도 코멘트도 심지어 유머까지도 동어반복되는 빈도가 부쩍 잦아지고 있었다. 오, 마이 갓! 거울 속엔 선배 A, B의 그림자가 고스란히 겹쳐지고 있었다. 머리칼이 쭈뼛 서지 않을 수 없었다.


흔히 사람들은 '했던 소리를 또 하는' 경향을 나이 탓으로 돌린다. 나이가 드는 증거라고도 말한다. 하지만 결코 사실이 아니다.

당신이 똑같은 레퍼토리를 늘어놓고 있다면, 당신의 경험과 지식과 사고와 감각이 정체되고 있다는 명징한 신호다. 익숙한 현재, 혹은 쳇바퀴 같은 일상에 머물러 더 이상 발전하지 않고 있음을 보여주는 단적인 증거기도 하다. 하지만 당연하게도 '현재'는 순식간에 '과거'가 되어버린다. 그리고 그 속도는 날로 빨라지는 추세다. '하던 가락'을 과신하는 것 또한 금물이다. 지금 잘 나갈수록 '현재'

가 계속되리라 착각하기 쉽기 때문이다.

새로운 흐름과 지식, 정보, 감각을 부지런히 충전하지 않는다면 제아무리 날고 기었던 사람이라도 어느 순간 '왕년'으로 먹고사는 '고문관' 대열에 편입될 수밖에 없다. 인생에서 가장 빛났던 지점을 그리워하며, 틈만 나면 한창때의 추억과 한 때는 참신했으나 이제는 낡아버린 화젯거리에 집착하는, 고루하고 지루한 그런 사람 말이다.

이쯤에서 한번 자문해보자. 당신도 혹시 머물러 있진 않은가?

## 목표에 이르고 싶으면 달려라

경영학에서 통용되는 법칙 중 하나로 '붉은 여왕의 법칙'이 있다. 루이스 캐럴의 소설 『이상한 나라의 앨리스』의 속편 『거울 나라의 앨리스』에서 비롯된 이 법칙은 '어떤 대상이 변화하더라도 주변 환경이나 경쟁 대상이 더 빠르게 변화하면 상대적으로 뒤처지게 된다'로 요약된다. 즉 '달리지 않으면 이르지 못한다'는 것이다. 잠깐 소설의 원래 내용을 살펴보자.

앨리스는 깜짝 놀라며 주위를 둘러보았다.

“어머나, 우리가 계속 이 나무 아래에 있었던 건가요? 모든 게 아까와 똑같은 자리예요!”

“당연하고말고. 어떨 거라고 생각했지?”

여왕이 물었다.

“글쎄요. 우리나라에서는 이렇게 한참 동안 빨리 달리면 어딘가 다른 곳에 도착하게 되거든요.”

아직도 가쁜 숨을 헐떡이며 앨리스가 말했다.

“느림보 나라 같으니! 자, 여기에서는 보다시피 같은 자리를 지키고 있으려면 계속 달릴 수밖에 없단다. 어딘가 다른 곳에 가고 싶다면, 최소한 두 배는 더 빨리 뛰어야만 해!”

여왕이 말했다.

어디 붉은 여왕의 나라뿐이랴. 우리가 사는 세상도 마찬가지다. 앞으로 나아가려는 노력 없이 현재에 머문다면, ‘뒷방늙은이’로 가는 건 시간문제다. 특히 요즘처럼 기술과 사회가 급변하는 상황에서 시대의 흐름에 앞서 가려면, 최소한 놓치지 않으려면 평생 달리는 노력을 게을리해선 안 된다. 과거에 비해 ‘밑천’이 바닥나는 속도가 훨씬 빠르기 때문이다. “제자리를 지키고 싶으면 남들만큼, 어딘가 다른 곳에 가고 싶다면 두 배는 열심히 뛰어야 한다”는 붉은 여왕의 충고는 그런 점에서 모두에게 해당되는 지혜다.

'나이는 숫자에 불과하다'를 자신의 이야기로 만들고 싶다면, 변화와 새로운 흐름을 감지하는 더듬이를 의도적으로 세우고, 무디어지지 않도록 갈고닦는 노력이 반드시 필요하다. '마흔 이전의 미모는 신이 주는 것이요, 마흔 이후 미모는 돈이 주는 것'이라는 아줌마계의 번뜩이는 통찰을 빌리자면 나이가 무색한 감각은 100% 노력의 결과다. 이제부터 그 노력의 본보기가 될 만한 세 사람을 만나보자.


## 노익장의 비밀은 평생공부다

### 그의 사전에 리바이벌은 없다

2011년 1월 11일 오후 8시. 서울 올림픽공원 체조 공연장은 마법 같은 열기에 휩싸였다. '세기의 음유시인' 스팅의 세 번째 내한무대. 그는 환갑의 나이에도 조금도 녹슬지 않은 미성과 남성미 물씬한 섹시함으로 무대와 청중을 장악했고 팬들은 온전히 매료됐다. "가만히 멈춰 서 있는 것은 내 사전에 있을 수 없다"는 스팅의 내한 일성(一聲)이 고스란히 입증되는 순간이었다.

1977년 밴드 더 폴리스로 데뷔한 후 서정적인 음악과 철학적인 가사로 세계 음악팬을 사로잡아온 스팅은 현재까지 약 1억 장의

음반 판매고를 기록했고, 그래미상 16회 수상, 아메리칸 뮤직어워
즈 25회 수상 등의 화려한 이력을 자랑하고 있다. 그 빛나는 성취
의 원천은 새로운 것에 끊임없이 도전하는 정신이었다. 오죽하면
많은 음악인들이 스팅이 앨범을 낸다고 하면 한숨부터 내쉰다는
소문이 있을 정도다. 이번엔 또 어떤 새로운 내지는 근사한 음악을
들고 나올지에 대한 '두려움' 때문에 말이다.

　20여 년 음악인생 동안 단 한 번도 혁신적인 시도와 변화를 멈추
지 않았던 스팅은 공연 전 가진 내한 인터뷰에서 자신의 음악적 성
취 비결에 대해 이렇게 답했다.

> "나는 더 좋은 뮤지션이 되기 위한 호기심과 욕망을 버린
> 적이 없다. 나는 언제나 더 훌륭한 뮤지션들과 협연하면서
> 나 자신을 발전시키고 한계를 키워왔다." (「노컷뉴스」 2011년
> 1월 11일)

　이어 '다음 앨범'에 대한 질문에 "나는 같은 것을 두 번 반복하지
않는다. 따라서 또 다른 음악이 나오지 않을까 싶다"고 자신했다.
그리고 사람들은 스팅의 '근거 있는 자신감'에 기꺼이 고개를 끄덕
였다.

　음악이든, 인생이든, 성공 엔진을 가동하는 최고의 에너지는 도

전과 멈추지 않는 끈기임을 스팅은 온몸으로 증언하고 한국을 떠났다.

## 사순 씨는 달리고 싶다

운전면허 시험장에서만큼은 '칠전팔기' 사연으론 명함도 못 내민다. '959전 960기 신화'의 주인공 차사순 할머니가 보유한 슈퍼 울트라 초특급 신기록이 버티고 있어서다. 차 할머니는 필기시험에서 기능·주행 시험까지 5년간 도전 끝에 2010년 4월 운전면허증(2종 보통)을 따내 화제가 됐다. 차 할머니에 대자면 '칠십 전 팔십 기'라도 번데기 앞에서 주름 잡는 폼이요, 공자 앞에서 '하늘 천(天)' 읊는 격이 되어버린다.

차 할머니의 집념의 성공기는 칠순을 앞둔 나이에 광고 모델로 데뷔하고, 자동차 회사로부터 화려한 신형 승용차를 선물 받는 행운으로도 이어졌다. 뿐인가. '끈기의 주인공'으로 세계에 이름까지 떨쳤다.

미국 유력 일간지 「시카고 트리뷴」은 '960번(960 Times)'이란 제목의 사설에서 "자녀들에게 도전정신을 가르치고 싶다면 차 할머니의 사진을 눈에 잘 띄는 곳에 걸어두라. 아이들이 누군지 물어보면 960번의 실패 끝에 운전면허를 따낸 올해 69세 된 대한민국 할머니라고 얘기해주라"며 "이 할머니는 도전을 즐긴다"고 전했다.

사설로는 이례적으로 차 할머니의 사진까지 실었다. 이 밖에도 「뉴욕타임스」를 비롯해 세계 유명 언론에서 '의지의 대한민국 할머니'를 소개했다.

환갑을 훌쩍 넘긴 나이에 운전면허시험에 응시한 것 또한 뭔가 새로운 것을 배우고 목표를 달성하는 것에 대한 열망 때문이었다.

젊어 남편을 여읜 차 할머니는 자녀를 출가시킨 후 시간이 '남아돌자' 뭔가를 새로 배워봐야겠다고 생각했다. 무엇을 배울까 궁리하던 할머니는 자동차 운전면허를 따겠노라 마음먹었다. 써먹을 곳이 있으리라는 생각에서였다. 그리고 불굴의 의지로 목표를 달성했다.

사실 차 할머니의 '불굴의 도전기'는 처음이 아니었다. 50대 중반이던 1996년 미용사 자격시험에 도전해 3년 동안 12번 미끄러진 끝에 13번째 도전에서 자격증을 손에 쥐었다. 17세에 초등학교를 졸업한 이후 학교 교육을 전혀 받지 못했지만 배움에 대한 열망은 늘 뜨거웠다는 게 차 할머니의 말이다.

세상엔 "해낸 것을 보라"는 사람과 "해온 것을 보라"는 사람이 있다고 한다. 이 관점에선 차 할머니도 여지없이 후자 편이다. 차 할머니는 면허를 딴 이듬해 한 일간지와 가진 인터뷰에서 새로운 도전계획을 밝혔다.

"트럭 운전이랑 요리를 배울라 그라요. 트럭 면허 같은 건 인자 금방 따겄죠잉. 요리 자격증을 따면 손자들 맛있는 요리도 해주고, 며느리 데꼬 장사 할 수도 있고. 여러모로 쓸모가 있겄죠잉." (「세계일보」 2011년 1월 2일)

## 읽고 또 읽다

해마다 5월이면 미국 네브래스카 주의 작은 도시 오마하는 한바탕 축제의 장으로 변모한다. '투자의 귀재'이자 '오마하의 현인'으로 불리는 워런 버핏 버크셔해서웨이 회장이 주관하는 주주총회 때문이다. 투자자나 주주와 개별적으로 접촉하지 않는 버핏의 철칙에 따라 이 행사는 버핏 회장과 직접 대면하고 대화할 수 있는 거의 유일한 기회다. 피델리티 같은 세계 굴지의 투자회사 임직원부터 단 한 주를 가진 시골의 개미 투자자에 이르기까지 전 세계에서 3만여 명의 주주들이 그의 탁월한 식견을 듣고자 오마하에 몰려든다. 주총 후 질문자를 무작위로 선정하는 오랜 관행 때문에 질문을 한 번이라도 던지기 위해 열띤 경쟁이 펼쳐진다.

질문도 다양하다. 버크셔해서웨이 경영이나 투자 조언을 청하는 기본 질문은 물론, 국내외 경제전망, 의료보험 개혁, 지구 온난화, 낙태, 심지어 신의 존재에 대한 '현인'의 견해에 이르기까지 온갖 주제를 망라한 질문이 쏟아진다. 경제, 경영, 사회, 철학, 윤리를 오가는 다종다양한 질문세례에도 버핏은 조금도 막힘없이 빛나는 혜안과 조언을 제시한다. 가히 '오마하의 무릎팍도사'라 해도 좋을 정도다.

연신 좌중의 폭소를 터트리게 할 만큼 재치 있는 위트도 그의 '주총 콘서트'를 돋보이게 하는 요소다. 예를 들자면 이런 식이다.

> **질문자:** "당신이 사망하면 버크셔해서웨이는 어떻게 될 것 같은가요?"
>
> **버핏:** "글쎄요. 회사 주가가 너무 큰 폭으로 오르지 않았으면 좋겠군요."
>
> **질문자:** "리스크를 줄이려는 분산투자에 대해 어떻게 생각하시는지요?"
>
> **버핏:** "분산투자가 나쁜 것은 아니지만 잘 모르는 주식에 (분산)투자하는 것은 오히려 더 위험합니다. 함께 사는 아내가 40명이라고 생각해보세요. 그중 누구도 제대로 알기가 힘들지 않겠습니까?"
>
> (버크셔해서웨이 주주총회 질의응답, 1991)

개그맨이 울고 갈 버핏의 유머감각은 자신의 성공 비결에 대한 답변에서도 고스란히 드러난다.

"나는 다른 남자들이 플레이보이를 읽을 때 대차대조표를
들여다봅니다."

언뜻 조크처럼 들리지만 이 답변에야말로 버핏이 이룬 성공의
열쇠가 오롯이 담겨 있다고 할 수 있다. 여든이 넘은 할아버지가
수많은 이들이 그토록 만나고 싶어 하는 '인기남'이 된 비밀도 함
께 들어 있다.

버핏이 80세를 넘긴 고령에도 세계에서 가장 영향력 있는 투자
자로, 투자 멘토로, 인생 멘토로 상한가를 달릴 수 있는 토대는 그
의 답변대로 자신의 일을 위해, 또 더 발전하기 위해 꾸준히 노력
하고 배우려는 자세다.

어렸을 때부터 독서광이었던 그는 평생 거의 하루도 빠짐없이
새벽에 출근해 경제신문과 각종 잡지를 독파하며 세상 흐름을 면
밀히 파악하고, 기업들의 투자보고서를 살피며 지식에 도움이 될
책을 챙겨 읽었다. 투자 관련 공부는 물론 뛰어난 연설능력과 유머
감각조차 학습을 통해 꾸준히 개발해온 것이라는 게 그의 고백이
다. 무대 공포증이 있었던 그는 투자자로 성공하려면 의사소통 능
력을 반드시 끌어올려야 한다는 판단에 데일 카네기 스쿨에서 대
중연설 과정을 듣기도 했다. 지금도 연설을 할 일이 있으면 사무실
책상 앞에 붙여둔 수료증을 바라보며 자신감을 충전한다고 한다.

보통 사람들보다 5배 정도 더 책을 읽는 것 같다는 그를 두고 버
핏의 오랜 친구이자 경영 파트너인 찰스 멍거 버크셔해서웨이 부회
장은 '평생공부 기계(ever learning machine)'라고 칭하기도 했다.

버핏은 '당신처럼 되고 싶다'는 수많은 '신도'들에게 이렇게 조
언한다.

> "읽고, 읽고, 또 읽어라. 가능하면 젊었을 때부터 배우는 습
> 관을 몸에 배게 하라"

피터 드러커는 "성공한 사람들은 지속적인 학습을 삶의 일부로
인식한다는 공통점이 있다"고 통찰한 바 있는데, 버핏 역시 성공자
의 프로파일에 정확히 일치하는 면모를 그대로 보여주고 있다 하
겠다.

누군가에겐 주름이 노화의 상징이지만, 누군가에겐 경륜의 상징
이 된다. 그 여부는 하기 나름이다. 당신은 훗날 자신의 주름이 곧
경험과 지혜의 상징이라 말할 자신이 있는가?

# 참치처럼 헤엄쳐라

참치는 알에서 부화한 그 순간부터 죽을 때까지 쉬지 않고 헤엄친다. 여느 물고기와 달리 아가미가 안쪽에 있어서다. 헤엄을 쳐야만 물속 산소를 받아들여 숨을 쉴 수 있다. 참치에게 멈춤은 곧 죽음과 같다.

참치의 인생은 노익장의 비결과도 통한다. 세월을 머쓱하게 하고 나이를 한낱 숫자로 만들고 싶다면, 언제 만나도 신선한 화제와 감각과 유머를 유지하는 생생한 매력을 잃지 않고 싶다면 끊임없이 달리고 유연하게 변화해야 한다.

경영학계 거물인 짐 콜린스 스탠퍼드대학 경영대학원 교수는 "살기 위해 숨을 쉬는 것처럼 배움 역시 자기 주도적 인생을 위해 멈춰서는 안 되는 삶의 이유"라고 누누이 강조했다. '생생히 깨어 있는 삶'을 꿈꾼다면 세상을 향한 관심을 벼리고, 마지막까지 배움의 고삐를 늦추지 말라는 당부다.

다시 한 번 자문해보자. 당신의 목표 지점은 어디인가? 지금 그곳을 향해 달리고 있는가?

CHAPTER 8

# 지금보다 나아지려면 무엇을 해야 하는가?

이미 통달한 것 이상의 무언가를 하려 들지 않으면 결코 성장할 수 없다.

— 로널드 E. 오스본

# 실력은 경험과 노력의 합이다

2008년 초 미국 플로리다 한 병실에서 응급 상황을 알리는 벨이 울렸다. 20대 중반의 남자 간호사 토머스(가명)가 빠른 걸음으로 병실에 들어왔다. 중년의 남자 환자 아드만은 혈압이 급격히 떨어지고 있었고 어지러움과 메스꺼움, 호흡 곤란을 호소했다. 심장 모니터는 연신 날카로운 신호음을 울려댔다. 잔뜩 긴장한 토머스는 아드만의 약물 투여 기록을 찾기 위해 차트를 뒤적였다. 당황한 나머지 차트를 떨어뜨리기도 했다. 환자에겐 혈압 유지를 위해 도파민이 투여된 상태. 약물 용량을 조금 늘리면 위기를 모면할 수 있는 상황이었다. 하지만 간호사는 이 간단한 응급조치를 그만 놓치고 말았다. 대신 그는 아드만에게 가슴 통증이 있는지 물었고 환자는 어지럽고 메스껍다고만 했다. 모니터에서 혈압의 급전직하를 알리는 경보음이 시끄럽게 울렸다. 당황한 토마스는 심정지 시 사용하는 에피네프린을 투여했고, 이는 기존에 투여된 약물과 맞물려 치명적 결과를 초래하고 말았다. 아드만은 의식을 잃었고 사망 일보 직전까지 치달았다. 그때, 시뮬레이션 종료를 알리는 벨이 울렸다.

아드만은 사실 사람이 아닌 의료인력 훈련에 사용되는 로봇 시뮬레이터. 간호학교를 갓 졸업한 토마스는 플로리다주립대학 연구진이 초보 간호사와 경력 간호사 간 수행 능력을 비교하기 위해 설계한 모의실험에 참가한 피실험자 1호였다.

이어 두 번째 실험이 진행됐다. 똑같은 상황이 재연됐다. 이번에는 25년 넘게 간호사로 일해온 모니카(가명)가 병실에 들어섰다. 이전의 실험에서처럼 모니터는 환자의 혈압 강하를 알렸다. 모니카는 침착하게 움직이기 시작했다. 모니카는 신속히 아드만의 투여 약물을 살폈다. 이어 도파민 투여량을 늘리기 위해 차트에서 환자의 몸무게를 확인하려 했다. 그때 아드만의 혈압이 무섭게 떨어지기 시작했다. 다급해진 모니카는 환자에게 에피네프린을 투여했다. 앞서 토머스와 똑같은 실수였다. 약물 투여 즉시 모니카는 세동기를 집어 들어 환자 가슴에 충격을 가했다. 하지만 처치를 다 하기도 전 로봇 아드만은 '사망'하고 말았다. 간호사 입실에서 환자 사망에 이른 시간은 '순초보' 토마스 때보다도 오히려 짧았다.

2008년 2월 28일, 미국 시사 잡지 『타임』은 '경험의 과학'이라는 제목의 위 기사에서 위의 실험과 다양한 연구를 토대로 대단히 흥미로운 결론을 이끌어냈다. 경험이 반드시 탁월한 성과를 보장하진 않으며, 특히 돌발 상황에서 그런 경향이 두드러진다는 것이다. 다시 말해 경력자가 곧 실력자는 아니라는 이야기다.

## '10년 법칙'의 함정

성공 공식도 유행을 탄다. 최근 몇 년간 성공학계를 주름 잡고 있는 최고 유행은 단연 '10년 법칙' 또는 '1만 시간의 법칙'이다. 한 분야에서 성공한 전문가가 되려면 최소 10년(1만 시간) 동안 노력해야 한다는 주장이다. 과학, 문학, 스포츠, 예술 등 다양한 분야의 성공자들이 이 법칙의 위력을 유감없이 증명하고 있다.

천재가 아니더라도 10년을 투자하면 고수가 될 수 있다는 메시지는 평범한 이들에게 희망과 의지를 북돋는 복음이 됐고 그 인기는 몇 해가 지나도록 식을 줄 모른다. 문제는 이 '말씀'이 입에서 입을 거치는 동안 몇 가지 핵심 포인트가 떨어져 나간 데 있다. 많은 이들이 10년 법칙을 '자기 분야에서 10년만 보내면 고수가 될 수 있다'고 받아들인다. 그런데 정말 10년이 지나면 누구나 달인이 되어 있을까?

기대와 달리 여러 실험 결과 자칭 타칭 '전문가'로 분류되는 많은 이들은 자신의 분야에 익숙한 기량을 발휘하지만 예기치 못한 돌발적인 상황, 즉 기존의 룰이 적용되지 않는 사건을 맞닥뜨렸을 때 그 성과가 초보자와 별반 다를 바 없는 것으로 나타났다.(위 실험에 등장한 모니카가 대표적인 사례다.)

복잡한 연구를 일일이 대지 않더라도 우리 주변에서 이런 증거를 찾긴 과히 어렵지 않다. 사내에서 경력 10년 이상인 직원들의 얼굴을 떠올려보라. 모두가 '베테랑'이던가?


경험 또는 경력은 때로 성과의 걸림돌이 되기도 한다. 관성에 지배되기 때문이다. 무의식적으로 기존에 해오던 관습과 방식을 적용하며, 과도한 자신감 탓에 오히려 실수를 범하게 되는 때도 있다. 운전이 한 예다. 연구에 따르면 운전 경력이 오래된 사람일수록 초보 드라이버보다 백미러를 덜 확인하고, 브레이크를 늦게 밟는 경향이 두드러진다. 이와 관련된 한 연구에 따르면 경주용 자동차 면허증 소지자들이 표준그룹보다 길에서 사고를 더 많이 내는 것으로 조사됐다.

이에 대해 『타임』지는 '전문성과 노련한 성과에 대한 케임브리지 편람' 등을 토대로 "탁월한 성과를 내려면 '경험'과 '탁월한 기량'이 맞물려야 한다"고 조언했다.

이때 탁월한 기량은 취약한 부분을 개선하기 위해 의도적으로 계획한 연습과 외적·내적 피드백을 통해 연마할 수 있다. 일상의 투자 이외에 별도의 노력과 시간이 필요하다는 얘기다.

간단히 요약하자면 10년 법칙이 강조하는 핵심은 '시간'이 아닌 '노력'이다. 그 노력은 '무작정 열심히'가 아니며, 더 나아질 수 있도록 자신에게 벅차게 느껴지는 과제를 끊임없이 훈련하는 것이다. 피겨 스케이팅 선수라면 현재 잘 안 되는 고난도 점프에, 수학자라면 고도로 복잡한 계산에 자신을 몰아붙이라는 게 10년 법칙의 진짜 포인트다. 별 노력 없이도 해낼 수 있는 영역을 점점 확대하는 게 관건이라는 뜻이다.

『타임』 기사의 기초가 된 '전문가 편람'의 편집자이자 '전문가' 연구의 대가인 앤더스 에릭슨 미국 프린스턴대학 교수는 '전문가는 만들어진다'는 주제로 2007년 7월 『하버드 비즈니스 리뷰』에 기고한 글에서 이렇게 강조했다.

> "탁월한 성과를 내는 전문가가 되려면 투쟁과 희생, 정직함과 고통스러운 자기평가가 뒷받침되어야 한다. 지름길은 없다. 최소 10년 동안 현 수준의 경쟁력이나 수준을 넘어설 수 있도록 의도적이고 주도면밀하게 계획된 연습을

거쳐야 한다. 더불어 그 훈련을 이끌어주고, 스스로 채찍질 할 수 있도록 도와줄 멘토가 필요하다."

첼로의 거장 요요마는 '탁월함에 이르는 법'에 대해 더 멋진 비유를 들었다.

"해변에 갔다고 생각해보라. 대부분 사람들은 4분의 1마일 안쪽에 몰려 있다. 하지만 더 멋진 전망을 보려면 조금 더 나아가야 한다. 성공이라는 관점에서 말하자면, 언제나 '중심'이 어디인지를 생각해야 한다. 그리고 어떻게 하면 가장 끝단까지 근접할 수 있는지, 그 너머를 바라보고 점프할 수 있는지를 늘 염두에 둬야 한다."

10년 법칙을 다시 정확히 요약해보자.

10년 법칙 = 주도면밀한 노력 × 10년 × 정기적인 내·외부 피드백

현 수준을 뛰어넘을 주도면밀한 노력을 계획하려면 '어떻게 하면 더 나아질 것인가?'라는 자기 질문이 꼭 필요하다.

# 더 잘할 방법을 찾아라

## # 장면 1

"국민의, 국민에 의한, 국민을 위한 정부는 이 지상에서 절
대 사라지지 않을 것입니다."

1863년 11월 19일, 에이브러햄 링컨 대통령은 미국 남북전쟁의 격
전지였던 펜실베이니아 주 게티즈버그에서 행해진 전사한 장병을
위한 묘지 봉헌식에서 이 같은 말로 짧은 연설을 맺었다. 미국 민
주주의 역사에 기념비적 순간으로 남았던 그 이름도 유명한 '게티
즈버그 연설'이었다. 총 270여 단어, 2분 남짓에 불과했던 이 간결
한 연설에는 민주주의의 요체가 고스란히 담겨 있었고, 화해와 용
서라는 거대한 메시지가 뜨겁게 고동치고 있었다. 그로부터 150년
가까이 지난 현재까지도 게티즈버그 연설은 동서고금을 통틀어 역
사상 가장 많이 인용된 연설의 백미로 꼽힌다.

## # 장면 2

"제가 여러분께 드릴 것은 피와 땀, 눈물과 노력밖에 없습니다."

1940년 5월 13일. 2차 세계대전이 한창이던 전시(戰時) 영국 신임 총리가 된 윈스턴 처칠은 취임 후 하원에 출석해 뜨거운 사자후를 토해냈다. 피와 땀, 눈물과 노력이라는 네 단어는 독일의 본토 공습을 앞두고 불안과 두려움에 떨던 영국 국민을 하나로 결집하고, 가슴에 용기와 의지를 북돋는 마술적 주문이 됐다. "목표는 오로지 승리"라는 그의 단호한 일성은 국민들에게 승리에 대한 확신과 이기고 말겠다는 투지를 불어넣었다. 의회도, 미국도 홀린 듯 그의 편에 섰고 이 연설은 처칠이 이후 전쟁을 연합군의 승리로 인도하는 첫 단추가 됐다. 저명한 역사가 폴 존슨은 저서 『윈스턴 처칠의 뜨거운 승리』에서 "영국이 전쟁에서 거둔 첫 번째 진정한 승리는 연설과 상징주의의 승리였다. 그리고 그 두 가지 모두 처칠의 공이었다"고 평했다.

세계 역사의 변혁을 불러일으켰던 두 장면의 중심인물인 링컨 대통령과 처칠 총리는 세기의 연설가로 꼽히는 대표적인 리더다. 동시에 '탁월함은 오랜 시간 행해진 주도면밀한 노력으로 성취된다'는 10년 법칙이 리더의 제1조건인 커뮤니케이션 능력에도 그대로 적용됨을 보여주는 더없는 증거다.

명연설로 강력한 리더십을 구축하고, 나아가 역사의 흐름을 바꿨던 두 사람은 리더십의 핵심이 마음을 움직이는 웅변술이라는 인식을 공유했다. 더불어 '더 나아질 방법은 무엇인가?'라는 질문을 붙들고 오랜 기간 치밀하고 치열하게 노력하며 연설에 호소력과 설득력을 더해나갔다.

역사적 일화에는 흔히 드라마틱한 스토리가 덧입혀진다. 링컨이 게티즈버그로 가는 열차 안에서 번뜩 연설의 영감을 얻어 봉투 뒷면에 이를 휘갈겨 썼다거나, 처칠이 가는 곳마다 즉석에서 했던 촌철살인의 연설 몇 마디로 군중의 마음을 사로잡았다거나 하는 이야기도 그 선상에 있다.(물론 사실과는 다르다.)

이들의 연설과 관련된 수많은 일화들은 '과연!' 하는 감탄을 자아내는 동시에 두 사람을 '천상 연설가'로 부각하는 데 일조한다. 하지만 링컨과 처칠이 정말로 타고난 달변가에 웅변가였는가 하면, 사실은 전혀 아니었다.

'말하기'로 말하자면 링컨과 처칠은 각각 치명적이라 할 만한 핸디캡이 있었다. 링컨의 경우 정규교육이라곤 거의 받지 못한 '무학'이었고, 사내답지 못한 높고 가느다란 음성에 투박한 남부 사투리를 썼다. 처칠은 학창시절 부친이 '실패작'으로 낙인찍었을 만큼 학업에 뜻이 없었고, 말더듬증에 혀짧은 소리까지 냈다. 하지만 정치에 큰 뜻을 품었던 두 사람은 '웅변술'이 꿈을 이뤄줄 결정적 무기임을 일찍부터 간파했고, 일찍부터 '더 나아질 방법'을 고심하며 돌파구를 찾아냈다. 링컨의 경우 어린아이들도 이해할 수 있을 만큼 쉬운 화법과 유머를 집중 연마했고, 처칠 역시 간결함과 위트를 무기 삼아 말의 약점을 극복해나갔다.

열다섯 살 때까지 읽기와 쓰기에 서툴렀던 링컨은 성경을 읽고 따라 쓰며 글을 배웠다. 워싱턴과 제퍼슨의 필체를 베껴 쓰며 쓰기를 독학한 그는 청년 시절 법률 서적을 읽으며 법률가의 꿈을 가졌고, 워싱턴 평전을 읽으며 정치에 대한 열망을 키웠다. 이때부터 '언술(言術)'의 필요성을 절감한 그는 말하기 능력을 높이는 데 필요한 지식과 기량을 집중적으로 갈고닦기 시작했다. 웅변술 책을 닥치는 대로 독파하며 대중연설의 기본기를 익혔고, 수많은 책과 시와 연설을 달달 외워질 때까지 읽고 또 읽었다.

"몇 시간이고 신문을 읽었고, 자주 시를 읽었다. 그리고 큰 소리로 읽었다"는 주변 사람들의 한결같은 증언대로 링컨은 책을 읽다가 막히는 문장이 나오면 완전히 이해될 때까지 놓지 않았다. 무언가 읽은 후엔 내용과 느낌을 적고 어린아이들도 이해할 수 있을 때까지 고치고 또 고쳤다. 그리고 완벽해질 때까지 외웠다. 잡화점에서 아르바이트할 때도, 들에서 일할 때도 그의 입에선 암송이 떠날 줄을 몰랐다.

주일이면 교회 목사들의 설교를 말하기 강의로 삼았고 틈만 나면 24킬로미터나 떨어진 시내 법정을 찾아 변호사들의 변론을 귀동냥하기도 했다. 말을 잘하려면 문법을 잘 알아야 한다는 지인의 충고에 득달같이 문법책을 사서 철저히 마스터하기도 했다.

다수를 상대로 한 말하기 연습도 멈추는 법이 없었다. 주변 사람들에게 새로 익힌 농담과 이야기를 들려주는 게 일이었다. 링컨이 청년 시절 농장 일꾼으로 일할 때의 이야기다. 그는 풀을 베는 대신 둔덕에 앉아 함께 일하는 동료 농부들에게 최근 읽었던 책 내용과 들었던 농담을 읊어주곤 했다. 좌중의 피드백을 보아가며 다음 번 이야기 방식을 달리하기도 했다. 그를 고용한 농장주들은 일은 안 하고 '농담 따먹기'나 해대는 링컨을 마땅치 않게 여겼고, 잔뜩 화가 난 아버지로부턴 시답잖은 짓 좀 그만 하라며 얼굴에 강펀치를 맞기도 했다.

아버지의 주먹에 동료들 앞에서 나가떨어지는 수모를 겪으면서도, 링컨은 읽고 쓰고 외우고 연습하기를 그치지 않았다. 주말에는 선술집에서 문학 동호회를 주도하며 직접 지은 시를 낭독했고, 다양한 주제로 토론을 벌였다. 덕분에 그의 지식과 유머, 이야기술은 날로 일취월장했고, 링컨을 혼내주려던 동네 깡패 무리까지 그의 이야기에 반해 친구로 만들기에 이르렀다.

훗날 링컨은 대통령 후보에 지명된 후 했던 강연에서 이렇게 말했다.

"성년이 되었을 당시에 저는 아는 게 별로 없었습니다. 그
럭저럭 읽고 쓰고 계산하는 이 세 가지는 할 수 있었지만
그게 다였습니다. 그나마 지금 저의 지식 창고가 조금 나아
진 것은 필요에 떠밀렸을 때마다 지식을 습득했기 때문입
니다." (데일 카네기, 『데일 카네기의 링컨이야기』, 베스트트랜스 옮김,
더클래식, 2011, 37쪽)

처칠도 마찬가지였다. 누구보다도 '말 한마디의 힘'을 믿었고, 실
제로 그 힘을 자유자재로 휘둘렀던 그는 어릴 적 말을 더듬는 데
다 발음까지 부정확해 친구들로부터 놀림과 따돌림을 받기 일쑤였
다. 덕분에 학교생활은 원만치 못했고 성적은 형편없었다. 라틴어
와 그리스어는 거의 낙제 수준이었고, 수학 시험을 치르다가 기절
한 일까지 있었다. 하지만 영어실력만큼은 나쁘지 않았다. 그는 영
어를 사랑했고, 글쓰기를 즐겼다.

그가 대중연설에 본격적으로 관심을 두게 된 계기는 아일랜드
출신 변호사 버크 코크란과의 만남이었다. 1895년 쿠바 전쟁 참전
차 먼 길을 떠난 처칠은 어머니의 주선으로 미국 뉴욕에 들러 어머
니의 친구인 코크란을 만나게 됐다. 당시 전쟁 참전기를 신문에 싣
고 책으로 펴내며 돈벌이를 하던 처칠은 남자답고 뛰어난 화술을
자랑하는 코크란에게 완전히 매료됐다. 그리고 대중연설에 매력을

느꼈다.

'코크란처럼 말하기'를 목표로 삼은 처칠은 코크란의 연설 스타일을 연구하고 집중적인 코치를 받기 시작했다. 영국으로 돌아온 후 처칠은 코크란에게 연설문을 보내달라고 요청했고, 이를 교재 삼아 철저히 연구하고 연습하는 데 열중했다. 코크란은 리더가 되려면 사회학과 경제학 분야를 공부하고, 명백한 표현법을 익히는 게 유용할 것이라고 조언했다.

- 연설 주제를 완벽히 학습하라
- 조사한 모든 자료를 암기하라
- 어려운 주제는 평범한 주제로 단순화하라
- 반박의 여지 없는 결론을 끌어내라
- 오르간처럼 말에 리듬을 실어라
- 진실을 말하라

코크란이 귀띔한 '청중을 사로잡는 여섯 가지 비결'은 처칠 연설의 뿌리였고, 기초였다. 이를 금과옥조로 처칠은 코크란의 연설 스타일을 완벽히 습득하고자 심혈을 기울였다.

처칠은 그의 충고대로 부족한 지식을 메우기 위해 하루 다섯 시간 넘는 독서와 연구로 지식을 보강했고, 길을 걸을 때면 안 되는 발음을 집중적으로 연습했다. 또 매일 밤 거울을 보며 자신만의 웅변술을 닦았다. 불도그처럼 처진 그의 입매조차 스스로 창조하고 만들어낸 고도의 이미지 전략이었다는 게 주변인들의 전언이다.

처음엔 실수 연발이었다. 1904년 하원에서 연설을 하다 대사를 까먹는 끔찍한 경험을 하기도 했다. 이후론 연설문의 토씨 하나까지 모조리 외웠고, 매일 밤 거울 앞에서 연습했다. 몇몇 가까운 친구들 앞에서 사전에 연설 연습을 했고, 목욕 중이나 산책 중에도 연설문을 큰소리로 낭독하며 주변 사람들을 놀라게 하기도 했다.

어나이린 베번과 하원 최고의 연설가 자리를 두고 경쟁하던 1950년대까지만 해도 처칠보다는 베번의 연설이 훨씬 뛰어나다는 평가를 받았다. 하지만 처칠은 '더 나아지기 위한' 노력에 강도를 높여 나갔고, 결국 후대 정치인들에게까지 '연설의 표준'을 제시하게 됐다. 처칠은 후에 저서 『수사학의 발판』에서 이렇게 말했다.

"인간에게 주어진 모든 재능 가운데서 웅변 능력만큼 소중한 것은 없다. 웅변을 즐기는 사람은 위대한 왕보다 더 오래 권력을 행사할 수 있다. 그는 세상에서 독립적인 세력이다. 자신의 정당에서 버려지고, 친구에게 배신당하고, 직책을 잃는다 해도 이 (웅변의) 힘을 지배할 수 있는 사람은 여전히 막강하다."

그리고 꾸준히 끌어올린 웅변 능력은 그에게 출세의 끈이자 곱이 곱이 정치적 위기에서 그를 끌어올리는 든든한 동아줄이 되어줬다.

## '시간의 힘'을 잡는 법

2002년 심각한 경영난에 시달리던 영국 로이터 통신의 구원투수로 투입돼 회사를 흑자로 반전시키고 경영학 교과서에 실린 조직혁신 사례를 일궈 낸 톰 글로서 로이터 전 CEO는 매일 자신에게 '좀 더 나아지려면 어떻게 해야 하는가?'라는 질문을 던졌다고 한다.

"저녁때는 아침보다 조금이라도 나아지겠다는 마음가짐으로 몇 년 이상 하루하루를 모으고 나서 뒤를 돌아보라. 그 성취는 상당할 것이다"라는 게 그가 털어놓은 '성장의 비결'이었다.

사람들은 흔히 '시간의 힘'을 믿는다. 시간이 지나면 상황이 나아질 것, 개선될 것이라는 믿음이다. 하지만 노력이 수반되지 않는 시간은 무의미하다. 시간이 먼지처럼 스러지는 대신 '힘'으로 축적되려면 노력이라는 그물을 매일 촘촘히 엮어야 한다. 한 사람의 성장은 경험의 수가 아닌 경험의 질에 달려 있다. 그리고 경험의 질을 높이는 일은 개개인의 몫이다.

# 1만 시간 법칙 실증 프로젝트

● … 골프 생초짜가 1만 시간 동안 주도면밀한 연습을 거치면 프로선수가 될 수 있을까?

미국에서 골프로 '1만 시간의 법칙'을 실험하고 있는 젊은이가 언론의 주목을 받고 있다. 오리건 주 포틀랜드의 전직 포토그래퍼 댄 맥러플린이 그 주인공이다.

마케팅 회사에서 상업용 사진을 찍던 맥러플린은 '1만 시간의 법칙'을 부각한 말콤 글래드웰의 『아웃라이어』를 읽은 후 자신이 직접 그 법칙을 실증해보기로 했다.

180cm의 키에 70kg의 몸무게, 운동에 별다른 관심도 경험도 없던 미국의 평균남, 골프장에 가본 적도 골프 토너먼트 TV 중계를 본 적도 없던 완전 골프 문외한인 자신이 미국프로골프(PGA) 선수를 목표로 1만 시간 동안 골프에 전념하겠다는 계획이었다.

이를 위해 다니던 회사에 사표를 던진 그는 2010년 4월 5일부로 '1만 시간 법칙' 증명을 위한 '댄플랜(The Dan Plan)'을 전격 가동했다. 시한은 2016년 10월. 6년 6개월간 하루 6시간씩 주 6일 총 1만 시간을 훈련하며 매일 훈련과 발전상을 기록하기로 했다. 생계는 그동안 모아둔 10만 달러(약 1억 원)로 해결하고 있다. 이 프로젝트에는 전문코치와 체력코치, 훈련 기록을 위한 영상기사와 웨비소드 전문가가 팀으로 붙었고 나이키가 골프용품 일체를 후원한다.

맥러플린의 골프코치를 맡은 크리스토퍼 스미스는 처음 그의 아이디어를 들었을 때 골프를 모욕한다는 생각에 불쾌함을 느꼈다. 그리고 '풋내기 젊은이'에게 골퍼 되기가 그리 만만한 일이 아니라고 충고했다. 그는 '1만 시간 법칙'의 이론적 토대를 제공한 앤더스 에릭슨 박사의 논문을 먼저 읽어보라고 권했다.

맥러플린은 즉시 이를 행동에 옮겼다. 에릭슨 박사의 논문과 각종 연구물을 모두 섭렵했다. 심지어 직접 찾아가기도 했다. 스미스는 맥러플린의 결심이 생각보다 확고하다는 사실에 생각을 달리하게 됐다. 초짜이기에 나쁜 습관도 없고, 체격 조건이 나쁘지 않고, 골퍼가 되겠다는 순수한 열망을 지닌 청년에게 골프를 가르치면 과연 어떻게 될까 하는 궁금증이 생겼다.

스미스는 프로젝트에 합류했고 나이키 측과 접촉, 골프화, 골프의류, 클럽을 지원하도록 주선했다. 에릭슨 박사도 그에게 아낌없는 자문을 제공하고 있다. 그의 블로그나 기사를 본 사람들이 후원금을 보내오기도 한다.

스미스 코치는 "그가 PGA 골퍼가 되지 못할 확률이 99%일 것이다. 하지만 한 인간이 전심으로 노력할 때 얼마만큼 발전할 수 있는지를 확인해보고 싶다. 그리고 그는 누구보다 열심히 훈련하고 있다"고 밝혔다.

프로젝트 가동일로부터 3년 가까이 흐른 지금, '댄이 벌써 엄청난 선수가 되어 있다'는 소설 같은 일은 일어나지 않았다. 아직도 그는 '엉망진창'의 수준이다. 하지만 분명한 사실은 꾸준히 발전하고 있다는 것이다.

사실 이와 같은 시도가 처음은 아니었다. 하지만 댄 맥러플린처럼 꾸준히 노력을 계속한 사람은 없었다. 그런 점에서 '댄플랜'은 전문성을 연구하는 학자들에게 높은 관심을 모으고 있다.

맥러플린은 「세인트 피츠버그 타임스」와 가진 인터뷰에서 이렇게 말했다.

"만일 내가 프로골퍼가 될 수 있다면, 누구라도 어떤 선택이라도 할 수 있다는 증거가 될 것이다. 골퍼가 되는 것 자체가 목표가 아니다. 인간의 잠재력을 확인하고, 인생에서 새로운 목표를 추구하는 데 너무 늦은 나이란 없다는 것을 입증해 보이고 싶다."

2013년 1월 현재 댄플랜의 카운트다운 시계는 6만 2천 시간을 표시하고 있다. 남은 시간 0이 되는 때, 그가 성공은 선택이라는 가설을 과연 증명할 수 있을까?

그가 과연 PGA 골퍼라는 목표를 이룰 수 있을지, 아니 그보다 1만 시간을 끝까지 채울 수 있을지도 아직은 미지수다. 그 결과가 궁금한가? 결과를 기다리기보다 지금부터 당신도 노력법칙의 실험자가 되어보는 건 어떨까? 당신의 목표를 위해 '1만 시간 프로젝트'를 시작해보면 어떻겠는가?

맥러플린의 실험은 트위터 계정, 페이스북, 블로그(thedanplan.com)에서 자세히 살펴볼 수 있다.

# CHAPTER 9

# 노력에
# 만족할 수 있는가?

노력은 적게 하고 많은 것을 얻으려 하는 곳에 한숨이 숨어 있다.

— 괴테

# 천재도 만들어진다

천재 화가 피카소에 관한 일화 한 토막. 어느 날 한 음식점에 앉아 있던 피카소에게 한 부잣집 마나님이 다가왔다. 부인은 손수건을 내밀며 돈은 얼마든지 낼 테니 그림을 하나 그려달라고 했다. 피카소는 흔쾌히 손수건을 받아들곤 휘리릭 그림을 그려줬다. 그리고 1만 달러를 청구했다. 어마어마한 액수에 대경실색한 부인이 물었다.

"아니 고작 30초 동안 그린 그림이 1만 달러라고요?"

피카소는 대꾸했다.

"오, 천만에요. 마담. 내가 이렇게 그리기까지는 40년이나 걸렸답니다."

또 다른 유명인사의 비슷한 일화 하나. 미국의 인기 코미디언이자 영화배우였던 에디 캔터는 스타로 발돋움한 자신을 두고 '벼락 성공'이라며 시샘하는 무리에게 이렇게 응수했다.

"하루아침에 성공하기까지 20년이 걸렸다네."

아무렴, 옳은 말이다. 세상에 하루아침에 얻어지는 성공은 없다. 천재 아니라 천재 할아버지라도 마찬가지다. "자고 일어나니 유명해졌다"는 말로 더 유명한 영국의 천재 시인 바이런은 '그날 아침'이 도래하기 전까지 엄청난 습작을 했고, 5살 때 첫 작곡을 했다는 천재 음악가 모차르트는 두 살 때부터 아버지에게 매일 하루 5시간씩 강도 높은 음악 훈련을 받았다. 붓글씨에 관한 한 따라올 사람이 없었다는 추사 김정희는 천하명필이 되기까지 벼루 열 개를 갈아 치웠고 닳아서 내버린 붓이 천 자루를 헤아렸다.

흔히 사람들은 출중한 능력을 자랑하거나 탁월한 성취를 이룬 인물을 '난 놈'이라 칭한다. 그리곤 비상한 두뇌, 타고난 근성, 천부적 감각, 동물적 성공본능 등등의 화려한 수사를 기꺼이 진상한다. 공통점이 있다. '선천적 자질'에 초점을 맞춘 찬사라는 점이다. 성공가들은 종자부터 다르다는 심사를 깔고 있는 것이다. 정작 '난 놈'들이 얼마나 박 터지게 노력했는지는 은근슬쩍 묻히기 십상이다. 하지만 성공은 생각보다 정직하다. '성공의 DNA'를 가졌든 '운칠복삼'의 행운을 쥐고 태어났든 뭔가를 이루려면 압도적인 노력이 반드시 뒷받침되어야 한다.

당대 최고의 극작가로 소설가로 비평가로 이름을 떨치며 노벨 문학상(1925)과 오스카상(1938)을 휩쓸었던 조지 버나드 쇼도 생전 '천재'라는 찬사를 단호히 거부했다. 자신의 성공은 타고난 재능의 산물이 아니며 전적으로 고된 노역의 결과라고 누누이 강조했던 그는 자신의 전기를 쓰기로 한 작가 아치볼드 핸더슨에게 이런 편지를 보내기도 했다.

"저에 대해 무슨 이야기를 쓰든 제가 쓰디쓴 훈련을 받았다는 사실을 꼭 강조해주기 바랍니다. 그렇지 않으면 제 본래 능력이 크게 과장될지도 모릅니다. 저는 손톱만큼도 타고난 천재가 아니고 기지가 넘치기는커녕 영리하지도 않습니다. (중략) 제 작품은 철저하게 정직한 노역의 결과입니다. 그 노역은 젊은 시절 미숙하기 짝이 없는 소설 쓰기에서부터 시작해 25년간 매일 꾸준히 계속되었습니다. 누구라도 똑같은 대가를 치르면 저와 같은 역량을 갖출 수 있습니다. 훌륭한 분들은 아마 대가를 좀 싸게 치를 수도 있을 겁니다. (에릭 브룬, 『세상을 움직인 위대한 비즈니스 레터』, 윤미나 옮김, 비즈니스맵, 2007, 40~41쪽)

'천재는 태어나는 것이 아니라 만들어진다'는 학계의 연구 결과도 '나의 성공은 머리 아닌 노력에 있었다'는 쇼의 주장에 힘을 실어준다.

2006년 사상 처음으로 천재 관련 연구 논문들을 집대성해 발간된『전문지식과 전문가에 대한 케임브리지 편람』의 편집을 맡았던 미국 심리학자 앤더스 에릭슨은 방대한 연구를 토대로 "천재는 1%의 영감, 70%의 땀, 29%의 좋은 환경으로 만들어진다"고 분석한 바 있다. 노력이야말로 천재를 구성하는 주성분이라는 이야기다. 여기서 '천재'는 '탁월함'이라는 단어로도 대체할 수 있다. 누군가의 말대로 평범한 사람에게 모자란 것은 재능이 아니요, 노력인 것이다.


## 비결은 '나름' 아닌 '남다른' 노력

'나름' 노력하는데도 성과가 따라주지 않는다고 생각한다면 이나모리 가즈오 교세라 명예회장의 조언에 귀를 기울여보자. 일본에서 살아있는 '경영의 신'으로 추앙받는 가즈오 회장은 저서『왜 일하는가』에서 노력을 이렇게 정의하고 있다.

"열심히 노력하고 있습니까?" 이렇게 물으면 다들 "예, 제나름대로는 열심히 하고 있습니다"라고 대답할 것이다. 정말 누구에게도 뒤지지 않을 만큼 노력하고 있는가? 자기 나름대로 충분히 노력하고 있다면 그것은 당연한 일을 하고 있는 것일 뿐, 그것으로 결코 뜻하는 결과를 얻을 수 없다. 누구나 생각하는 노력 이상으로 노력하지 않으면 무한 경쟁시대인 오늘날에는 더더욱 살아남을 수 없다. (이나모리 가즈오, 『왜 일하는가』, 신정길 옮김, 서돌, 2010, 103쪽)

가난한 집안의 아들에, 13세 때 폐결핵을 앓았던 약골에, 지방 이류대를 나온 기술자 출신. 변변히 내세울 것이라곤 아무것도 없던 가즈오 회장은 27세 나이에 맨손으로 벤처기업 교세라를 창업해 오늘날 매출 1조 엔(약 15조 원)을 웃돌고 직원 수 6만여 명을 헤아리는 세계 굴지의 기술기업으로 키워냈다. 사람들은 교세라의 성공 스토리를 '신화'나 '기적'이라 부르길 주저하지 않는다. 가즈오 회장이 평생 자기 박차의 채찍질로 삼았던 "정말 노력하고 있는가?"라는 질문이야말로 아무런 배경도 연줄도 없었던 그가 멀게만 느껴지던 성공의 여신을 불러 내린 기적의 주문이었다.

65세에 일선에서 물러났던 그는 여든을 바라보는 나이에 경영 일선으로 돌아와 다시금 주목을 받기도 했다. 2010년 2월 파산선고를 받은 일본 최대항공사 일본항공(JAL)의 CEO를 맡은 것이다.

그의 나이 78세. 경영파탄으로 침몰 위기에 놓인 JAL을 회생시켜 달라는 정부의 간곡한 부탁 때문이었다. 주변에선 JAL행을 극구 만류했다. 아무리 유능한 경영자라 해도 평생 제조업에서 뼈가 굵은 사람이 생소한 항공·운송 회사의 구원투수로 나서는 것은 위험부담이 너무 크다는 우려였다. 평생 쌓아온 명성에 흠집을 남길 작정이냐는 걱정도 높았다. 본인도 수차례 회장직을 사양했지만 5만 2천 명에 이르는 직원들이 실직할 위기라는 정부 측의 삼고초려에 결국 회장직을 받아들였다. "JAL 직원들을 살리겠다"는 짤막한 취임 일성과 함께 그는 언제나 그랬던 것처럼 '남다른 노력'을 쏟아부었다. 일주일에 두 번씩 일본에서 교토를 오가며 반드시 일반석(이코노미클래스)을 탔다. 일등석(퍼스트클래스)에 편안히 앉아서는 고객의 생각을 알 수 없다는 이유다.

"재능이 모자라도 열의가 있다면 다른 사람에게 절대 질 수가 없다"는 그의 지휘 하에 JAL의 조직문화는 서서히 변하기 시작했다. 정부에만 의존하던 안이한 마음 대신 '노력만이 살 길'이라는 뜨거운 각오가 조직원들의 마음속에 자리 잡았다. 그리고 변화는 빛나는 열매를 맺어가고 있다. JAL은 가즈오 회장이 취임한 지 14개월 만에 법정관리를 벗어났고 경영정상화에 박차를 가했다. 파산보호 신청 후 2년 7개월 만인 2012년 9월, 일본 기업 역사상 가장 빠른 회생을 기록하며 도쿄 증시에 당당히 귀환했다.

구원투수 역을 성공리에 해낸 가즈오 회장은 명예 회장으로 물러났다. JAL의 앞날은 아직 불투명하지만, 수장부터 말단까지 합심한 전사적 노력이 JAL에 다시 날개를 달아 주리라는 기대감은 날로 높아지고 있다.

여기 살아서 전설이 된 또 다른 사나이가 있다.

NBA 우승 6회, NBA 파이널 MVP 6회(1991~1998), NBA 시즌 MVP 5회, NBA 득점왕 10회(1987~1998), NBA 사상 유일한 7년 연속 득점왕, NBA 올스타 MVP 3회(1988, 1996, 1998), NBA 슬램덩크 챔피언 2회(1987, 1988), 올림픽 금메달 2회(1984 LA, 1992 바르셀로나), NCAA 미국 대학농구 최우수선수(1983), NBA 최우수 신인상(1985)……. 끝까지 읽어내기가 숨 가쁠 만큼 길고 화려한 수상경력. 스포츠채널 ESPN이 선정한 20세기 가장 위대한 운동선수. 바로 농구 황제 마이클 조던이다.

조던은 실로 뛰어난 운동선수 그 이상이었다. 그가 1993년 공식 은퇴를 발표했을 때 전 세계 언론은 그 사실을 긴급 타전했고 전 세계 청소년들은 깊은 슬픔에 잠겼다. 그를 광고모델로 썼던 나이키, 코카콜라, 게토레이 등의 주가는 30% 이상 급전직하했다. 2000년 초 코트 복귀 후 2003년 두 번째이자 마지막 은퇴를 발표했을 때 빌 클린턴 당시 미국 대통령은 하던 회의를 중단한 채 "그는 완벽한 신체와 영혼을 지닌 위대한 스포츠맨이었다”며 경의를 표했다. ‘조던 현상’을 두고 「뉴욕타임스」는 ‘그는 스포츠 선수가 아닌 하나의 문화이자 미국의 상징이었다’고 평하기도 했다.

역사상 그 어떤 운동선수, 아니 그 어떤 개인이 이 정도로 전 세계적·전 방위적 존재감을 가진 적이 있던가. 하지만 “신은 농구를 위해 그를 창조했다”(윌 스미스)며 극찬을 받았던 조던도 하늘이 내린 농구 천재이기 이전에 NBA에서 가장 지독한 연습벌레였다.

1963년 뉴욕 브루클린에서 태어난 조던이 후에 농구 황제가 되리라 예견한 사람은 아무도 없었다. 그는 형제자매 중 가장 게을렀고 산만했으며 포기도 잘하는 성격이었다. 그런 조던을 보며 부모는 아들이 커서 밥벌이나 제대로 할 수 있을지를 염려하곤 했다.

초등학교 시절 야구선수로 실력을 발휘하기도 했지만 꾸준하지 못했고 농구선수로 진로를 바꾼 고등학교 때는 교내 대표 팀 선발에서 탈락하는 좌절도 겪었다.

그의 인생이 바뀐 것은 고교 대항전이 열리던 날이었다. 그의 부모는 아들이 당연히 경기에 나가는 줄 알고 응원을 하러 왔다. 동료 선수들의 짐을 들어주고 있던 조던은 관중석에 앉아 있는 아버지와 어머니를 보고 가슴이 내려앉았다. 실망한 기색을 감추느라 애쓰는 부모님의 모습을 보며 조던은 쥐구멍이라도 찾고 싶을 정도로 부끄러움을 느꼈다. 그때부터 그는 새벽부터 학교에 나가 수위에게 슛 연습을 할 수 있도록 체육관 문을 열어달라고 졸라 연습에 매달렸다. 그리고 은퇴할 때까지 연습장을 가장 먼저 찾고 가장 늦게 떠나는 선수가 됐다.

덕 콜린스 전 시카고 불스 감독은 농구 황제 마이클을 만든 건 연습이라고 잘라 말한다.

> "연습은 마이클의 일부였다. 어떤 선수들은 밤 연습을 빼
> 먹고 어떤 선수들은 낮 연습을 빼먹었지만, 마이클만큼은
> 연습을 빼먹은 적이 한 번도 없었다. 재능이 문제가 아니
> 다. 그런 연습이야말로 그를 모든 선수들의 위에 올라서게
> 한 것이다."

전날 경기에서 아무리 오래 뛰었더라도 조던은 연습에 빠지는 법이 없었고 동료들은 그런 조던에게 경의를 표하곤 했다.

예술이든, 문학이든, 과학이든, 스포츠든 혹은 그 어떤 분야든 '잘 나가는 사람'들의 공통점은 '나름'의 노력이 아닌 '남다른' 노력을 하고 있다는 사실이다. 2010년 11월 국내 보험사 최초로 10년째 한 주도 빠짐없이 매주 3건 이상의 보험계약을 성사시켜

'3W(3 per week)' 분야 신기록의 주인공이 된 정금옥 교보생명 설계사는 10년 동안 매달 구두 한 켤레가 닳아 없어질 만큼 발품을 팔았다고 한다. 매일 20명 안팎의 고객을 만나고 250여 통의 전화를 거느라 하루에 휴대폰 배터리를 세 번씩 바꿨다는 게 정씨가 털어놓는 신기록의 비밀이었다.

포인트는 한 가지다. 같은 걸음으로는 결코 앞서 가는 사람을 추월할 수 없다. 다리가 짧다면 남보다 더 많이 걸을 것이요, 속도가 느리다면 남보다 더 오래 걸을 일이다.


## 남보다 더 노력하면 탁월해진다

미국 뉴욕의 카네기홀은 전 세계 음악인이 동경하는 꿈의 무대다. 카네기홀에 관해 전해오는 이야기가 있다. 난생처음 뉴욕을 방문한 한 여자가 지나가던 남자에게 길을 물었다.

"어떻게 하면 카네기홀에 갈 수 있나요?"

바이올린 가방을 들고 있던 남자는 답했다.

"연습하고, 연습하고, 또 연습하는 겁니다."


동서고금을 막론하고 거장의 반열에 오른 이들은 공히 이 '연습,

연습, 또 연습'을 철칙으로 삼았다.

쳴로의 성자라 불리던 파블로 카잘스는 90세를 훌쩍 넘긴 고령의 나이에도 하루에 6시간씩 첼로를 연습했다. "아직도 연습하느냐"는 주변의 질문에 그는 "연습을 할수록 실력이 나아지기 때문"이라고 말했다. '국악계의 큰 별'로 불렸던 박동진 명창도 87세에 타계하기 직전까지도 매일 새벽에 일어나 점심 무렵까지 소리를 연습했다. "연습을 안 하면 밥이 안 넘어간다"는 게 그의 지론이었다.

바이올린의 거장 이차크 펄만도 제자들에게 "내 삶의 핵심을 한 단어로 요약하라면 주저 없이 연습을 꼽겠다"라고 말하곤 한다.

'연습×3'으로 요약되는 실력자의 법칙이 음악계에만 적용되는 것은 아니다. '특이점 해소'라는 수학계의 오랜 난제를 풀어 수학계 노벨상으로 불리는 필즈상을 수상한 히로나카 헤이스케 하버드 대학 명예교수는 스스로를 명석한 두뇌의 소유자가 아닌 부지런한 노력파라 정의한다. 학창시절 '천재 동기들'에 비해 평범하기만 했던 그가 수학사에 남은 공로를 세운 비결도 '×3'에 있었다. 그는 자서전 『학문의 즐거움』에서 이렇게 말하고 있다.

"나는 한 가지 문제를 택하면 처음부터 남보다 두세 배의
시간을 들일 각오로 시작한다. 잠자고 있는 세포들을 사용

하기 위해서는 남보다 두세 배의 시간을 투자할 수밖에 없다. 그것이 보통 두뇌를 가진 인간이 할 수 있는 유일한 최선의 방법이라고 믿고 있다." (히로나카 헤이스케, 『학문의 즐거움』, 방승양 옮김, 김영사, 2008, 57쪽)

일본 만화·애니메이션의 신으로 추앙받던 데즈카 오사무도 전업 만화가로 나선 후 책상을 3개 붙여놓고 각각 다른 작업을 동시에 해냈다. 라면을 먹어가며 거의 매일 밤새워 작품을 그렸고 최고의 위치에 올라선 후에도 젊은 작가에 뒤지지 않기 위해 하루도 노력을 게을리하지 않았다. 그에 대해 재패니메이션의 거장 미야자키 하야오는 "그는 60세에 죽었지만 보통 사람 180년의 생을 살았다"는 추모사로 오사무의 뜨거운 열정과 불굴의 노력을 기린 바 있다.

췌장암으로 세상을 떠나기 전 제자들에게 들려준 인생강의를 담은 베스트셀러 『마지막 강의』의 저자 랜디 포시 미국 카네기멜론 대학 교수도 생전 "어떻게 그렇게 빨리 종신교수가 됐냐"고 묻는 이들에게 그는 "비결이 궁금하면 (보통 사람들이 즐기고 있는) 금요일 10시에 연구실로 전화해보라"고 답하곤 했다.

이제 스스로 물을 차례다. 당신은 과연 누구보다 열심히 뛰고 있

는가? 이 질문에 선뜻 대답할 수 없다면 당장 신발 끈을 고쳐 묶을
일이다. 그리고 남들보다 두 배, 세 배 노력할 일이다. 하물며 천부
적 재능의 소유자들도 죽도록 노력하는 마당에.

# 삼류가 일류를 앞서 가는 법

● … 탁월한 성과를 이뤄내는 '×3의 법칙'은 범재도 인재로 변화시키는 데도 강력한 힘을 발휘한다.

작은 중소기업에 불과하던 일본전산을 계열사 140여 개에 직원 13만 명, 매출 8조 원의 글로벌 초일류기업으로 일궈낸 나가모리 시게노부 일본전산 사장. 일본 경영계에서 '신화'로 자리 잡은 그는 상식과 동떨어진 독특한 경영방침으로 유명하다. 이 회사 임직원 대부분은 삼류대학 출신이다. 다른 회사에서 낙방한 '낙오자'들도 즐비하다. 나가모리 사장의 채용기준은 학벌이나 이른바 '스펙'이 아닌 '밥 빨리 먹고' '목소리 크고' '화장실 청소 잘하는' 사람. 어설픈 정신상태의 일류보다 '하겠다'고 마음먹은 삼류가 낫다는 인재 철학 때문이다. 그리고 눈물이 쏙 빠지는 '호통'으로 직원들을 혹독하리만큼 몰아붙인다. 그리고? 일본의 '잃어버린 10년'이라 불리는 1990년대 깊은 불황기에도 10배 성장이라는 경이로운 성과를 올렸다. 나가모리 사장은 주저 없이 말한다.

"성공의 비결은 남들보다 두 배, 세 배 일하는 것이다."

# CHAPTER 10

# 나는
# 최선을 다했는가?

나에게 성공이란
다른 사람보다 높은 점수를 내는 것이 아니라
자신이 최선을 다했다는 사실을 알 때 느낄 수 있는
자기만족을 통한 마음의 평화다.
— 존 우든

# 태도는 몸으로 쓰는 자기소개서다

**토끼와 여우**

옛날 아주 먼 옛날, 한 지혜로운 선사가 제자와 함께 길을 걷고 있었다. 산을 조금 올랐을 무렵 저만치 꽁지가 빠지게 뛰는 토끼와 그 뒤를 쫓는 여우 한 마리가 눈에 들어왔다. 제자는 혀를 끌끌 찼다.

"불쌍도 하지. 오늘이 저 토끼 제삿날이 되겠습니다."

선사는 고개를 저었다.

"천만에. 여우는 토끼를 못 잡을 걸세."

제자는 놀라 물었다.

"이유가 무엇인지요, 스승님. 여우 발이 훨씬 빠르지 않습니까?"

선사는 말했다.

"여우는 저녁거리를 위해 뛰지만 토끼는 목숨을 위해 뛰지 않는가."

## 3인의 석공

석공 세 명이 땀을 뻘뻘 흘리며 돌을 깨고 있었다. 길 가던 나그네가 물었다.

"지금 뭘 하고 계십니까?"

첫 번째 석공이 짜증 가득한 투로 말했다.

"보면 모르슈? 돌을 쪼고 있잖수."

두 번째 석공은 무표정하게 답했다.

"벽 쌓을 돌을 다듬는 거요."

세 번째 석공은 땀을 훔치며 활짝 웃었다.

"세상에서 제일 멋진 사원을 지으려고 합니다!"


## 소동파가 앉았던 자리

중국 송나라 시인 소동파가 「적벽부」를 완성한 뒤 친구에게 이를 들려줬다. 친구는 그 유려한 문장과 생동하는 기상에 찬탄을 금치 못했다.

"여보게, 정말 대단함세. 이런 명문은 대체 며칠이나 걸려 지은 겐가?"

"며칠은 무슨, 지금 단번에 쓴 게지."

소동파는 짐짓 헛기침을 하며 일어섰다. 그런데 그가 깔고 앉았던 자리가 불룩 솟아 있었다. 이상히 여긴 친구는 소동파가 나간 사이 방석을 슬쩍 들춰봤다. 그 아래엔 여러 날을 두고 고치고 또 고친 원고 뭉치가 족히 한 삼태기나 쌓여 있었다.

세 이야기를 연결하는 키워드가 있다. 바로 '태도'다. 목숨을 구하기 위해 전력 질주하는 토끼, 똑같은 돌 일에 자신만의 꿈을 새겨 넣는 석공 3호, 더 나은 문장을 짓기 위해 마지막 한 자를 고치고 또 고치는 소동파는 현 상황, 혹은 일을 대함에 자신의 역량을 모조리 쏟아 붓는 진지하고 치열한 태도를 공유하고 있다. 뒷이야기가 있었다면 분명 토끼는 여우의 추격에서 벗어나 오래오래 행복하게 살았을 것이고, 석공 3호는 세상(적어도 그 일대)에선 가장 뛰어난 장인이 됐다는 해피엔딩이 이어졌을 것이다. 소동파는? 익히 알려졌다시피 중국 북송 제1의 시인이자 당대 최고의 문장가로 문명(文名)을 떨쳤다.

태도란 몸으로 쓰는 자기소개서요, 미래 성취를 가늠케 하는 핵심단서다. 크건 작건 주어진 일에 자신의 최대치를 다하는 태도야말로 자기계발의 기본이자 역량의 성장판을 자극하는 최고의 훈련이다. 성공학 전문가들이 성공의 1차 조건으로 '최선을 다하는 태도'를 꼽는 이유도 이 때문이다.

세계적인 리더십 전문가 존 맥스웰은 "매일의 올바른 태도가 삶을 변화시키며 성공의 자산이 된다"고 강조한다. 이때 올바른 태도란 두말할 것 없이 매사 최선을 다하는 자세다. 동기부여 전문가로 명성 높은 앤드류 매튜스도 강연마다 '인생의 성공은 행운보다는 노력이며 태도'라는 요지를 빼놓지 않는다. 그리고 이런 명언도 덧붙인다.

"실패는 고통스럽다. 그러나 최선을 다하지 못했음을 깨닫는 것은 몇 배 더 고통스럽다."

## 왜 최선을 다하지 않았나?

매튜스의 지적대로 실패 앞에서 자신이 최선을 다하지 않았다는 사실은 적잖은 고통을 안긴다. '어쩔 수 있었던' 여지를 스스로 저버렸음을 자인해야 하기 때문이다. 바늘에 실 따르듯, 그 고통엔 후회가 따른다. 그런데 때론 그 각성이 태도를 180도 뒤바꾸는 인생 일대 전환점이 되기도 한다. 한때 '샐러리맨의 우상'으로 불렸던 박병엽 팬택 부회장을 벼랑 끝에서 일으켜 세운 힘도 바로 최선을 다하지 않았다는 깨달음이었다.

인생 제1막. 그는 '성공극장'의 주연이었다. 대학 졸업 후 중소기업 마케팅팀에서 일하던 29세 청년 박병엽이 1991년 전 재산 4천만 원으로 무선호출기 회사를 창업한 지 10여 년 만에 회사를 연매출 3조 원 규모의 중견 기업으로 키워낸 성공기는 벤처신화 가운데서도 단연 갑 중의 갑이었다. '이왕 할 일이면 최선을 다하고, 이왕 할 거면 1등을 하자'는 그의 인생 좌우명은 그의 화려한 성공기에 장식을 보탰다. 그러나 2000년대 중반, '박의 질주'에 급제동이 걸렸다. 기업 인수로 몸집을 불리며 삼성 LG 소니 모토로라 등 국내외 대기업과 어깨를 나란히 했던 팬택은 2006년 말 글로벌 휴대폰 시장 경쟁이 격화되는 가운데 유동성 문제로 부도위기에 내몰렸다. 신화는 붕괴됐고 그의 성공극장도 하루아침에 막을 내렸다. 높이 날았던 만큼, 추락의 충격도 컸다. 절망과 좌절이 그를 집어삼킬 듯했다. 삶을 놓아버리고 싶은 마음만 간절했다. 실제로 한강 다리에 오르기도 여러 번. 박 부회장은 문득 자신의 좌우명을 떠올렸다. 뒤이어 한 질문이 그의 가슴을 쳤다.

'회사를 위해 과연 죽을 만큼 최선을 다했는가?'

선뜻 '그렇다'는 대답이 나오지 않았다. 정신을 추슬렀다. 그리고 회사부도를 막기 위해 문자 그대로 사력을 다하기 시작했다. 그해 겨울 그는 10여 개 은행 채권단 관계자와 100여 명의 소액채권자를 일일이 찾아다녔다. 채권자가 있는 곳이라면 어디든 찾아갔다. 그리곤 회사가 법정관리 아닌 기업개선작업(워크아웃)에 들어갈 수 있게 해달라고 무릎을 꿇었다. 진심은 기적을 낳았다. "나는 한강에 뛰어들더라도 회사는 살려야 한다"는 그의 간곡한 호소는 채권단과 소액채권자들의 마음을 움직였고, 워크아웃 동의서를 얻어냈다.

다시 시작이었다. 박 부회장은 한때 4천억 원에 달했던 지분은 모두 회사 회생 자금으로 내놨다. 경영권을 포기한 그는 전문경영인으로 회사에 백의종군했다. 8천억 원대 회사 부채에 보증도 섰다. 누가 봐도 '미친 짓'이었다. 이뿐만이 아니었다. 박 부회장은 매일 회사에서 밤을 새우고 미친 듯 일에 매달렸다. '죽을 각오로 최선을 다한다'는 곧 회사 구성원 모두가 공유하는 절대 가치가 됐다.

결과는 놀라웠다. 적자를 털고 흑자로 돌아선 팬택은 17분기 연속 흑자 행진을 지속했다. 그리고 2011년 12월 31일 드디어 워크아웃을 졸업했다. 박병엽 인생 제2막 '부활신화'의 서막이 오르는 순간이었다.


'정말, 최선을 다했는가?'는 질문은 이처럼 자신의 태도를 점검하고 열정을 100% 연소하며, 후회 없는 삶으로 인도하는 데 큰 힘을 발휘한다.

지미 카터 미국 전 대통령도 이 질문을 평생 마음에 새기고 살았다. 그의 자서전 『왜 최선을 다하지 않는가?』에는 그 계기가 자세히 소개돼 있다.

해군사관학교를 졸업한 카터는 미 해군 핵잠수함에 근무하기를 원했다. 핵 잠수함에서 근무하려면 당시 함대 책임자였던 하이먼 릭오버 제독과의 면접을 통과해야 했다. 릭오버 제독은 지원자를 당황케 하는 압박 면접을 하기로 소문난 인물이었다. 또한 지원자가 '내면'을 들여다보고 성찰하도록 이끄는 질문을 던지기로 유명했다.

드디어 면접일. 카터는 큰 방으로 안내됐다. 제독은 다양한 주제를 오가며 송곳 같은 질문을 던졌다. 진땀을 흘리며 답을 이어가던 카터에게 제독이 불쑥 물었다.

"자네, 해사에선 몇 등이나 했나?"

카터는 내심 쾌재를 불렀다. 모처럼 반가운 질문이었기 때문이다. 가슴이 펴지고 목청이 절로 커졌다.

"네! 820명 중 59등이었습니다!"

카터는 자신만만한 표정으로 제독의 칭찬을 기대하고 있었다. 그런데 돌아온 말은 예상과 달랐다.

"최선을 다한 건가?"

말문이 막히고 말았다. 'YES'라 말하려 했지만 입이 자신 있게 떼어지지 않았다. 망설이던 카터는 우물쭈물 답했다.

"항상 그런 건 아니었습니다."

제독은 카터의 눈을 한참 동안 뚫어져라 응시했다. 그리고 마지막 질문을 던졌다.

“왜 최선을 다하지 않았나?”

“……”

릭오버 제독의 질문은 카터의 마음에 강렬한 울림을 남겼고 그때부터 카터는 이 질문을 자기점검의 엄격한 기준으로 삼았다. 그리고 그는 아흔을 바라보는 지금까지도 세계 평화전도사로, 분쟁 해결사로 활동하며 재임 때보다 더 많은 주목과 존경을 받고 있다.


# 하려거든 제대로 하라


최선을 다한다는 것은 ‘제대로 하는 것’과도 통한다. TV 앵커의 효시가 된 미국의 월터 크롱카이트. 그의 사전에 ‘대충’이란 없었다. 쉬는 날 면도를 할 때도 얼굴에 수염 한 가닥 남겨두지 않을 만큼 완벽을 기했을 정도니 일에야 더 말할 것도 없었다. 뉴스를 전할 때 시청자들이 가장 쉽게 알아들을 수 있는 속도를 연구해 분당 124단어 속도로 말하는 훈련을 피나게 했던 그는 언제나 최선의 결과물을 위해 최선의 노력을 기울였다. 그런 태도는 학창시절 멘토에게 들었던 질타에서 비롯됐다.

크롱카이트가 고등학교 때의 일이다. 어린 시절부터 특파원을 장래 희망으로 삼았던 크롱카이트는 교내 신문 기자로 활동했다.

특파원 지망생에 글 솜씨도 빼어났던 그는 당시 지방지 편집장으로 학교에서 자원봉사로 저널리즘 강좌를 진행하던 프레디 버니의 눈에 들었고 틈틈이 따로 지도를 받곤 했다.

어느 날 크롱카이트는 학교 육상코치에게 잘 보여 교내 허들선수가 되어 보겠다는 속셈에 코치에 관한 인터뷰 기사를 쓰기로 했다. '의도'가 이끈 기사는 소설에 가까웠지만 다채로운 미사여구와 화려한 수식어를 동원해 잔뜩 멋을 부린 원고는 제법 그럴듯해 보였다.

크롱카이트는 데스크 역할을 하던 프레디에게 기사를 내밀었다. 말없이 앉아 기사를 들여다보던 그가 고개를 들었다. 그리곤 냅다 원고를 집어던졌다.

"네 글은 형편없어. 넌 제대로 된 질문을 하지도 않았고 그 사람의 됨됨이를 보여주지도 못했다. 글에서 그 사람의 참모습을 조금도 찾아볼 수 없어."

유려한 글재주로 내용의 미흡함을 가릴 수 있으리라 생각했던 크롱카이트는 쥐구멍에라도 들어가고 싶은 심정이었다. 얼굴을 홍당무처럼 붉힌 채 서 있는 그에게 프레디는 단호한 어투로 말했다.

"한 가지만 기억해둬라. 할 만한 가치가 있는 일은 제대로 해야 하는 거야."

'하려거든 제대로 하라'는 프레디의 엄중한 질책은 크롱카이트

의 가슴에 깊숙이 박혔고 이후 그가 보여준 투철한 프로정신의 근
간이 됐다. 그리고 미국 언론사에 누구보다도 '제대로 일한' 앵커로
남았다.

매사 최선을 다하는 태도가 꼭 사회적 성공을 보장하진 않는다.
하지만 결과물의 차이, 나아가 개인 삶의 충실도를 좌우한다는 것
만큼은 그 누구도 부인하기 어렵다. 참으로 다행 아닌가. 다른 건
몰라도 태도만큼은 자신의 의지로 선택하고 만들어갈 수 있는 '수
의(隨意)성 덕목'이니 말이다. 누구나 최고가 될 수는 없지만, 누구
나 최선을 다할 수는 있다.


## 최선의 정의

그런데 잠깐 짚고 넘어갈 거리가 있다. 위대한 인물이 아니고라도
'최선을 다한다'를 신조로 내세운 이들은 바닷가 모래알만큼 흔하
고 또 흔하다. 구직자 이력서에서 기업의 비전 선포에 이르기까지
'최선을 다하겠노라'는 일성은 곳곳에서 소비돼 이제는 진부하게
느껴질 정도다. 하지만 그들은 정말 최선을 다하고 있을까? 도대체
최선의 기준은 무엇일까? 소설가 조정래 선생은 최선에 대해 누구

보다 명쾌한 정의를 내렸다고 한다.

> "최선이라는 말은 이 순간 나 자신의 노력이 나를 감동시
> 킬 수 있을 때 쓸 수 있는 말이다."

그는 스스로 '최선'의 본보기를 보이기도 했다. 마흔 살 시작한 『태백산맥』에서 『아리랑』에 이어 환갑이 넘어 탈고한 『한강』에 마침표를 찍기까지 20년 넘는 세월 동안 그는 글 외엔 일체의 것에 눈길을 주지 않은 채 책상 앞에 앉아 작품에 매달렸다. 200자 원고지 5만 1500장에 달하는 대하소설 세 편은 그가 전작보다 1mm라도 더 잘 써야 한다는 사명감으로 원고지 한 칸, 한 칸에 최선을 쏟아 부어 내놓은 피땀 어린 결과물이었다. 한 인터뷰에서 조정래 작가는 이렇게 말했다.

> "최선을 다함으로써 내 인생을 내 뜻대로 엮어갈 수 있다
> 는 신념으로 살았다. 그래서 내 인생이 황홀하다고 느낀
> 다."(「오마이뉴스」 2009년 10월 6일)

2010년 은퇴한 프로야구 양준혁 선수도 최선의 정의에 부합하는 인물로 들기에 모자람이 없다.

프로야구 통산 최다 출장, 최다 홈런, 최다 안타, 최다 2루타, 최다 득점 등 진기록을 줄줄이 세우며 한국 야구사를 다시 썼던 양 선수는 현역 시절 공을 때리면 무조건 1루를 향해 전력 질주하는 게 트레이드마크였다. 평범한 땅볼로 아웃이 뻔한 상황에서도 그는 거구를 뒤흔들며 1루까지 악착같이 뛰었다. 도대체 왜? 죽을 것이 분명한데도 온 힘을 들여 달리다니, 장사로 치면 완전히 밑지는 장사 아닌가? 양 선수는 한 인터뷰에서 그 이유를 이렇게 말했다.

"내 통산타율이 3할 1푼 6리인데 내야안타가 159개다. 아웃 될 것 같아도 1루까지 죽고 살기로 뛰다 보면 상대 수비가 당황하게 되고 실책이 나오기도 한다. 실제로 그 덕분에 몇 번 이긴 적도 있었고 그래서 나는 3할 타자가 될 수 있었다. 프로라면 단 1%의 가능성이라도 믿고 달려야 한다."

(「머니투데이」 2011년 9월 14일)

'타율 3할과 2할 9푼 9리를 가르는 것은 열심히 뛰는 것과 그렇지 않은 것과의 차이'라는 그의 야구철학, 나아가 인생철학이야말로 그를 한국 야구계의 '레전드'로 세운 힘이었다.

# 스스로 감동하고 칭찬할 수 있는가

1996년 미국 애틀랜타 올림픽 여자 마라톤에서 3위로 골인한 일본 아리모리 유코 선수는 경기 후 가진 인터뷰에서 이런 소감을 밝혔다.

"메달 색깔은 동이지만 정말로 최선을 다한 나 자신을 칭찬해주고 싶습니다."

일본인들은 그 소감에 눈시울을 붉혔고 아낌없는 갈채를 보냈다. 그 뒤엔 사연이 있었다. 4년 전 바르셀로나 올림픽 은메달리스트였던 그는 잇단 부상과 수술로 극심한 슬럼프에 빠졌다. 한때 선수생활을 포기할 생각마저 했다.

하지만 강철 같은 의지와 뼈를 깎는 노력으로 재기에 나섰고 다시 올림픽에 출전했다. 그리고 금보다 빛나는 동메달을 목에 걸었다. 최고는 아니었지만 최선을 다한 값진 성취에 사람들은 더 큰 감동을 받았고, 그는 최선이 최고보다 아름답다는 사실을 누구보다 극적으로 증명해 보였다.

열심히 산다고 살았는데도 현재 결과물이 만족스럽지 않다면 자문해보자. 진정 스스로 감동하고 칭찬할 수 있을 만큼, 모든 노력을 다했는가? 이 질문에 자신 있게 "그렇다!"고 말할 수 있다면, 내일은 오늘보다 반드시 나아질 것이다. 그리고 인생 사전에 '후회'란 없을 것이다.

# 100점짜리 인생의 조건

● … 태도에 관한 성공론으론 '100점 인생의 조건'이 유명하다. 수년 전 진대제 전 과학기술부 장관이 했던 강연에서 유래된 그 내용은 이렇다.

먼저 알파벳에 숫자를 붙인다. A에 1, B에 2, C에 3, D에 4……. 이런 식으로 Z(26)까지 숫자를 매긴 다음 인생을 100점짜리로 만들어줌 직한 단어를 골라 스펠에 부여된 숫자를 모두 더해본다. 예컨대 abc라면 1+2+3=6이 되는 것이다.

계산에 따르면 100점 인생을 만드는 조건은 열심히 일하기(hard work · 98점)도, 많은 지식(knowledge · 96점)도, 돈(money · 72점)도, 사랑(love · 54점)도, 운(luck · 47점)도 아닌, 바로 '태도'(attitude · 100점)다.

어딘지 작위적인 냄새가 난다. 필시 태도의 중요성을 강조하기 위해 누군가 만들어낸 공식임이 틀림없다. 하지만 굴지 기업 CEO를 비롯한 각 분야 리더를 비롯한 수많은 청중은 그 '기획'된 결론에 무릎을 치고 연신 고개를 끄덕였다.

# CHAPTER 11

# 나라고
# 못할 이유가
# 있는가?

장벽은 절실하게 원하지 않은 사람을 걸러내려고 존재한다.
장벽은 당신이 아닌 '다른 사람'을 멈추게 하려고 거기 있는 것이다.

— 랜디 포시

# 굴욕에 대처하는 두 가지 자세

- 이 남자의 첫 어린이 원고는 출판사 23곳에서 반송됐다. '20세기 안데르센'으로 불리며 미국에서 가장 사랑받는 동화작가로 꼽혔던 닥터 수스의 이야기다.
- KFC 창업주 커넬 할랜드 샌더스는 자신이 개발한 비장의 닭 요리법을 팔아보려고 했을 때 1008번 거절당했다.
- '빨간펜' 학습지로 유명한 교원그룹 장평순 회장은 신입 영업사원 시절 한 집에서 99차례나 문전박대당했다.
- 트랙터 제조사 사장이었던 페루치오 람보르기니는 페라리 창업주에게 페라리의 클러치 결함을 지적했다가 "당신이 자동차에 대해 뭘 아냐. 트랙터나 몰아라"라는 비아냥을 들었다.

거절당하고, 퇴짜 맞고, 내쫓기고, 무시당했다. 자존심이 짓밟히는 굴욕의 순간, 가슴엔 불이 나고 피는 거꾸로 솟았으리라. 분루를 삼키며 이를 득득 갈았으리라. 하지만 이들은 꺾이지 않았다. 닥터 수스는 24번째 출판사 문을 두드려 끝내 책을 세상에 내놓았고 샌더스는 1009번째 잠재 투자자를 찾아 프랜차이즈 1호점을 내는 데 성공했다. 장 회장은 방문 횟수 백 번을 채운 끝에 첫 계약을 성사시켰고, 람보르기니는 "제대로 간 슈퍼카를 보여주겠다"고 칼을 갈아 뭇 남성의 로망인 슈퍼카 '람보르기니'를 만들어냈다.

누구나 살면서 굴욕을 마주한다. 하지만 그 이후의 모습은 둘로 갈린다. 누군가는 비참함에 무너지고 누군가는 전투력을 오히려 끌어올린다. 상처받고 좌절하는 대신 오기를 불태우고, 이를 분발의 채찍으로 삼는 것이다. 서양 격언은 이렇게 말한다.

"포기하는 사람은 승리하지 못하며, 승리하는 사람은 포기하지 않은 사람이다."

당신은 과연 어떤 쪽인가?

## 포기 대신 집념으로

권투의 '권'자는 모르는 사람도 그의 이름은 알았다. '나비처럼 날아 벌처럼 쏘겠다'는 그의 말은 만국 공통 관용구로 남았다.

무하마드 알리. 권투영웅을 넘어 역사상 가장 위대한 운동선수로 빠지지 않는 이름. 그를 전설의 복서로 키운 것도 8할이 오기였다.

알리는 1942년 미국 켄터키 주 루이빌에서 태어났다. 미국에서도 인종차별이 지독하기로 손꼽히는 곳이었다. 노예의 후손이자 가난한 페인트공이었던 부친 캐시어스 알리는 아들이 태어나자 별 생각 없이 자신의 이름을 따 캐시어스 알리 주니어라는 이름을 붙여줬다. 조상 대대로 내려온 노예의 이름이었다.(알리는 프로 전향 직후 이슬람교로 개종한 뒤 노예의 이름을 버리고 무하마드 알리로 개명했다.)

떠버리로, 또 말썽쟁이로 동네에서 모르는 사람이 없었던 알리가 권투에 입문한 것은 12세 무렵이다. 선물로 받은 새 자전거를 타고 잔뜩 무게를 잡으며 놀러 나갔다가 그만 자전거를 도둑맞은 사건이 발단이었다. 알리는 눈물 콧물로 범벅이 된 채 경찰서를 찾아갔다. 도둑을 잡아 혼을 내주고야 말겠다는 소년에게 조 마틴 경관은 권투를 한 번 배워보라고 권했다. 마틴 경관은 마침 아마추어를 대상으로 권투를 가르치고 있었던 차였다. 알리는 눈물을 훔치며 고개를 끄떡였다. 권투사에 남은 '전설의 복서: 무하마드 알리'

제1장이 쓰이는 순간이었다.

우연처럼 권투 글러브를 끼게 된 알리는 틈만 나면 권투시합을 하는 흉내를 냈고 주먹으로 가슴을 두드리며 "세계에서 가장 위대한 인물이 되겠다!"고 소리치곤 했다. 당시 흑인 청소년에게 성공이란 '감히' 입에 올려선 안 될 금기어나 다름없었다. 그런 아들을 보며 부모는 행여 무슨 일을 당하진 않을까 마음을 졸이곤 했다.

어느 날이었다. 학교 복도에서 한창 섀도복싱에 열중하던 그의 앞에 한 교사가 버티고 섰다. 평소 '챔피언'을 꿈꾸는 권투부 학생들을 냉소하며 '헛바람 든 것들'이라고 기를 죽이던 흑인 여교사였다. 알리를 보는 시선 또한 다를 바 없었다. 알리를 골치 아픈 떠버리이자 허풍선이라고 여겼던 여교사는 주먹을 휘두르는 알리의 얼굴을 똑바로 바라보며 싸늘히 말했다.

"넌 절대로 성공할 수 없어."

순간, 알리의 가슴에 파르라니 불꽃이 튀었다.

'왜? 나는 왜 안 되는데?'

알리는 두 주먹을 부르쥐었다. 세계 제일의 권투선수가 되어 반드시 교사의 코를 납작하게 만들어주고 말겠다는 오기가 끓어 넘쳤다.

오기는 집념을 낳았다. 그동안은 겉멋이었다면 이때부턴 투쟁이었다. 아무도 깨우지 않아도 새벽 4시면 벌떡 일어나 시내를 달렸다. 학교 버스를 라이벌 삼아 학교까지 20블록 이상을 뛰기도 했다.

밥을 먹으면서 스텝을 연구했고 화장실에 앉아서는 잽을 연습했다. 친구들은 그런 알리를 보며 "미쳤다"고 손가락질했지만 알리의 머릿속은 오로지 세계 챔피언이 되고 말겠다는 일념으로 가득 차 있었다.

집념은 결실을 거뒀다. 열일곱 살 때 지역 아마추어 타이틀을 거머쥔 그는 이듬해인 1960년 로마올림픽에 출전해 금메달을 따냈다. 세계 최고의 선수가 된 것이다. 알리는 고향으로 돌아오자마자 제일 먼저 고등학교로 달려갔다. 그리고 자신에게 독설을 퍼부었던 여교사를 찾아 메달을 치켜들었다.

"저한테 절대 성공하지 못할 거라고 했던 말 기억나세요?"

여교사는 놀란 표정으로 알리를 쳐다봤다.

"전 세계에서 가장 위대한 인물이 되었단 말입니다!"

메달을 주머니에 넣고 돌아서는 알리의 등은 꼿꼿했다. 십 대 시절 가슴에 품었던 오기는 알리가 평생 인종차별과 편견에 맞서 싸울 수 있도록 한 막강한 원군이기도 했다.

훗날 회고록에서 알리는 이렇게 말했다.


"기술보다 의지가 더 중요하다. 의지가 있는 사람은 앞으로 나아가게 돼 있다."

# 좌절 대신 굳은 심지로

"가진 것이라곤 가방 하나, 자전거 한 대, 그리고 주머니 속
100달러뿐이었다."

종군기자로, 국제분쟁 전문기자로 활약하며 CNN의 간판스타로 이
름을 떨쳤던 크리스티안 아만포는 20대 CNN에 처음 발을 들여놓
았을 때를 이렇게 회고한다.

영국 런던에서 이란인 아버지와 영국인 어머니 사이에서 태어난
아만포는 어린 시절을 이란에서 보냈다. 열한 살 때 영국 기숙학교
에 입학한 후 고등학교를 졸업하자마자 다시 이란으로 돌아갔다.

당시만 해도 그의 꿈 목록에 언론인은 없었다. 그런데 그의 미래
를 바꾼 사건이 터졌다. 1979년 이란혁명이었다. 이란 전국에 계엄
령이 선포됐고, 사람들은 공포에 숨을 죽였다. 아만포의 가족은 영
국행을 택했다. 그 후로 삶은 급변했다. 고국의 재산은 동결됐고 가
족은 허리띠를 졸라매야 했다.

마침 런던의 작은 언론대학에 다니던 아만포의 여동생은 한 학
기를 마치곤 적성에 맞지 않는다며 공부를 포기했다. 아만포는 돈
을 날리느니 자신이 동생 대신 수업을 받기로 했다. 언론학 공부는
생각 외로 재미있었고 아만포의 머릿속엔 특파원이라는 꿈이 자리

잡기 시작했다. 혁명이라는 격변을 헤치고 나온 자신에게 더없이 완벽한 직업이라는 생각이 들었기 때문이었다.

저널리즘 공부를 위해 미국 로드아일랜드 대학에 진학한 그는 졸업 후 한 지방 방송국에서 그래픽 담당 인턴으로 일하며 여러 방송국 문을 열심히 두드렸다. 하지만 영국식 억양에 미국인 같지 않은 외모와 이름이 방송에 맞지 않는다며 번번이 퇴짜를 당하기 일쑤였다.

그러던 어느 날, 한 동료가 아만포에게 귀가 번쩍 뜨이는 뉴스를 전했다. CNN이라는 신설 케이블 방송국에서 영국 억양을 가진 사람들을 뽑는다는 희소식이었다. 아만포는 즉시 CNN에 전화를 걸었고 얼마 후 외신국 보조사원으로 채용됐다는 통지를 받았다.

기쁨에 들뜬 아만포는 특파원의 꿈을 안고 CNN의 문을 힘껏 열어젖혔다. 하지만 문 뒤에는 꽃길 대신 가시밭길이 펼쳐져 있었다. 첫날부터 어딘지 모를 위화감이 팽배했다. 특히 직속 여자 상사의 텃세가 극심했다. 업무 보조 '주제'에 외국 특파원이 되고 싶다는 포부를 밝힌 후부터 여자 상사는 대놓고 아만포를 모욕하기 시작했다. 꿈을 가진 신입의 열정과 적극성이 눈엣가시처럼 여겨졌을까. 상사는 사사건건 그를 헐뜯었고, 틈만 나면 그를 깔아뭉갰다.

일진이 유난히 사나웠던 어느 날이었다. 외신실에 들른 뉴스국 고위 간부들에게 상사는 한껏 비웃는 투로 말했다.

"글쎄, 이 아가씨가 특파원이 되고 싶다네요."

그러고 나서 상사는 아만포에게 커피와 사탕을 뽑아오라고 시켰다. 모멸감을 안고 의자에서 일어서는 아만포에게 상사는 나지막이 말했다.

"CNN은 당신 같은 사람이 있을 곳이 아니야. 어디 조그만 구멍가게 같은 데로 가서 출세해보지 그래?"

커피를 뽑는 아만포의 손이 부들부들 떨렸다. 분노와 절망감이 치밀었다. 눈물이 솟구쳐 올랐다. 당장이라도 회사 문을 박차고 뛰쳐나가고 싶었다. 하지만 오기가 그를 잡아 세웠다. 지금 저 문을 나간다면 특파원의 꿈은 영영 물 건너가고 만다고. 오늘의 수모를 지울 길은 꿈을 이루는 것뿐이라고. 마음속 오기는 그렇게 말하고 있었다.

아만포는 조용히 자리로 돌아왔다. 그리고 오로지 실력을 갈고 닦는 데만 전력했다. "그때부터 일분일초도 허비하지 않았다"는 게 그의 회고다.

그러던 어느 날 아만포는 눈이 번쩍 뜨이는 게시물을 보게 됐다. 공석이던 프랑크푸르트 지사 특파원을 뽑는다는 공지였다. 모두가 기피하는 자리였지만 그는 한 치의 망설임 없이 손을 들었다.

"전 어디든 가겠습니다."

아만포는 그간 절치부심 갈고닦은 실력을 거침없이 펼쳐 보였다. 1989년 동유럽을 휩쓴 민주화 바람을 취재하며 분쟁 지역 취재기자로 주목받았고 1990~91년 걸프전이 터지자 유창한 페르시아어를 무기로 중동에 급파됐다. 걸프전의 한복판, 세계의 눈이 한꺼번에 쏠린 그곳에서 그는 세계적 스타 기자로 발돋움했다. 그리고 20년간 CNN 국제특파원으로 일하며 세상에서 가장 유명한 방송기자로, 세계에서 가장 몸값이 비싼 특파원으로 자리를 지키고 있다.

아만포는 이렇게 말한다.

"굴욕은 내가 진정으로 원하는 것, 간절히 원하는 것이 무엇인지 알게 했고, 목표를 향해 정진할 수 있는 강인함을 확인하는 계기가 됐다."


## 절망 대신 죽기살기로

2002년 노벨물리학상을 받은 일본의 고시바 마사토시 도쿄대학 특별명예교수는 우주의 수수께끼를 풀 열쇠인 중성미자의 존재를 처음 발견했다. 하지만 보통사람들에겐 그의 학문적 업적보다 '꼴찌에서 노벨상까지'라는 그의 영화 같은 인생사가 더 큰 감동으로 남아 있다.

중학교 1학년 가을. 소년에게 소아마비가 닥쳤다. 수개월 동안 병원 침대 신세를 졌지만 팔다리가 마음대로 움직여주질 않았다. 퇴원 후 얼마 뒤. 학교 가는 길에 넘어진 소년은 혼자 일어설 수 없었다. 지나가는 사람의 부축을 받아 간신히 일어선 소년의 눈엔 눈물이 방울져 흐르고 있었다. 소아마비 후유증으로 휴학과 복학을 거듭하던 소년은 고등학교도 제때 진학하지 못했다. 진학 후에는 가난 때문에 아르바이트를 해야 했고 늘 공부할 시간이 부족했다. 당연히 성적도 별 볼 일 없었다. 특히 어려운 물리 과목에선 번번이 낙제점을 받았다.

고3, 대학 입시를 몇 달 앞둔 어느 날이었다. 기숙사 목욕탕에서 뿌연 증기 속에 귀에 익은 이름이 들려왔다. 분명 자신의 이름이었다. 그는 귀를 쫑긋 세웠다. 한 친구와 물리교사가 대화를 나누고 있었다.

"고시바는 어디를 가게 될까요?"

"글쎄다. 낙제생이니 물리학과는 어림도 없겠지."

두 사람의 '뒷담화'는 그의 마음에 불을 질렀다. 그 스스로 '오기'라고 불렀던 특유의 의지가 타오르기 시작했다.

'내가 왜 못해?'

그는 이를 악물었다. 그날부터 고시바는 물리와의 전쟁을 시작했다. 그리고 놀랍게도 도쿄대 물리학과에 진학했다. 하지만 가난은 계속 그의 발목을 잡았다. 직업군인이었던 부친이 일본의 패전으로 실업자가 되면서 고시바는 아르바이트를 늘려가며 누나와 두 동생 등 가족의 생계를 도와야 했다. 덕분에 수업엔 거의 참석하지 못했고 성적은 항상 바닥권이었다. 양양가가양양양……. 그의 졸업 성적표는 16과목 중 14과목이 양과 가로 채워졌고 덕분에 29명 동기생 중 꼴찌졸업이라는 불명예를 안았다.

간신히 국가 장학금을 받아 미국 로체스터대로 유학을 떠난 그는 '박사학위를 받으면 매달 일본 대학교수의 4배의 월급을 받는다'는 얘기를 들었다. 그는 공부 외의 모든 일과 담을 쌓았다. 그리고 1년 8개월이라는 학교 사상 유례없는 최단기록으로 박사모를 썼다.

실용적 이득이라곤 전혀 없었던 중성미자 소립자 연구에 돈을 대달라고 대기업과 정부를 찾아 끈질기게 졸라댈 수 있었던 것도, 모자라는 예산 속에 어떻게든 방법을 찾아내고야 말았던 것도, 그리하여 노벨상이라는 최고의 영예를 얻을 수 있었던 것도, 그 바탕엔 고교 시절 목욕탕에서 점화됐던 '오기'와 근성이 든든한 버팀목이었다.

그는 '성공 비결'을 묻는 사람들에게 "내 인생의 동력은 '이까짓것' 하는 반골 정신이었다"고 주저 없이 말한다. 남들이 우습게 보는 것 같으면 마음속에서 '난 할 수 있다'는 오기가 생겼다는 것이다.

"난 못해" 혹은 "난 안 돼"라고 말하는 사람이 해낼 수 있는 것은 아무것도 없다. 기적은 "내가 왜 못해?"라고 묻는 사람의 몫이다. 고시바 교수의 인생유전은 인생의 대반전을 이뤄내는 자기 박차의 에너지를 끌어내는 비법을 고스란히 전해준다.

## 열등감을 건강한 오기로 전환하라

옛말에 산 좋고 물 좋고 인심 좋은 정자 없다 했다. 사람도 마찬가지다. 잘난 구석이 있으면 못난 구석이 있는 법이다. 누구나 열등감을 느낄 소지가 있는 것이다.

한 조사에 따르면 직장인 10명 중 약 8명이 직장생활을 하면서 열등감을 느낀 적이 있는 것으로 나타났다. 그럴 경우 대다수가 자신감이 쪼그라들거나 스트레스로 업무에 지장을 받거나 심지어 이직이나 퇴사를 생각했다고 답했다. 하지만 지금까지 보았듯 열등감이든 열패감이든 잘만 쓰면 '나의 힘'이 된다. 오스트리아 심리학자 알프레드 아들러에 따르면 열등감은 삶의 목표를 세우게 하고, 그 목표가 구체화되도록 도와준다. 위에 소개한 이들 외에도 그 증언대에 오를 이들은 얼마든지 찾을 수 있다.

연봉 10억 토익 강사로 유명한 유수연 씨도 같은 이야기를 한다.

한국 사회에서 열등생으로 통하던 그는 호주 유학시절 2년간 한 영화를 8시간씩 보고 2~3시간 토막잠을 자며 영어에 매달렸다고 한다. "그 독기 어린 기억과 경험 2년이 오늘의 나를 만들었다"는 유씨는 "독기를 품어라. 시간을 낭비했다면 괴로워하라. 세상과 담을 쌓아라. 다시 나올 때 당신은 세상의 중심이 되어 있을 것이다"라고 잘라 말한다.

지금까지 소개한 인물들의 메시지는 하나다. 열등감 폭발을 열정의 폭발로 전환하라. 건강한 오기와 강단진 독기를 거름 삼아 인생의 정원에서 누구보다 특별한 열매를 맺을 수 있다.

# CHAPTER 12

# 이 시련은
# 왜
# 나에게 왔는가?

역경에 대처하는 방법은 두 가지다.
역경을 변화시키거나,
역경에 맞설 수 있도록 당신 자신을 바꾸는 것이다.

— 필리스 바텀스

# 추락에도 미덕은 있다

불세출의 가수이자 영화배우였던 프랭크 시나트라는 1940년대 가수 데뷔 후 재즈와 팝을 자유자재로 오가며 최고의 인기를 누렸다. 하지만 1960년대 들어 비틀스를 선봉으로 한 로큰롤이 대세가 되면서 무대의 뒤편으로 밀려나고 말았다. 졸지에 한물간 가수가 되어버린 시나트라에겐 기다렸다는 듯 시련이 한꺼번에 몰려왔다. 목에서 피가 나고 전속 레코드사와의 계약은 파기됐다. 쇼의 관객은 썰물 빠지듯 줄었고 설상가상으로 아내 에바 가드너와의 결혼 생활마저 파국으로 치달았다. 견디다 못해 손목을 그었을 만큼 처절하고 또 길었던 슬럼프에서 그를 구원한 것은 1966년 발표한 노래 '스트레인저스 인 더 나이트(Strangers in the night)'였다. 온 마음을 다해 부른 이 곡은 단박 빌보드 차트 정상을 정복했고 그에게

스포트라이트를 되돌려줬다. 이후 시나트라는 불후의 명곡 '마이
웨이'를 발표하며 음악적으로 제2의 전성기를 누렸고, 뮤지컬 영화
배우로 또 정통 영화배우로 전성시대를 이어가며 20세기 미국 대
중문화의 상징으로 남게 됐다. 훗날 시나트라는 이렇게 말했다고
한다.

"인생이 얼마나 아름다울 수 있는지를 깨닫기 위해서라도
가끔은 밑바닥으로 추락할 필요가 있다."

당신은 시나트라의 말에 공감하는가?

# 피할 수 없다면 정면으로 응시하라

A라는 여자가 있었다. 유복한 가정의 외동딸로 일가의 사랑을 독
차지하며 자랐다. 고교 시절 '○○여고 심은하'라 불릴 만큼 단아한
미모에 공부까지 잘했다. 그야말로 '엄친딸'의 전형이었다. 명문대
를 졸업하고 미국 유수의 MBA 스쿨로 유학을 다녀온 A는 억대연
봉의 직장에서 능력을 발휘하며 승승장구했다. 남부럽지 않은 결
혼도 했다. 식장에서 사람들은 "신은 불공평하다"고 입을 모았다.

그리고 얼마 후, 톰 크루즈 딸 수리도 울고 갈 만큼 예쁜 딸이 태어났다.

축복이란 축복은 죄다 몰아받은 듯한 인생. 그랬다. 그날이 오기까지는. 아이의 발달에 심각한 문제가 있다는 사실을 알게 된 바로 그날까지는.

그날을 기점으로 A의 삶은 180도 달라졌다. 세상에 부러울 것 하나 없던 인생은 세상의 '평범'한 모든 사람이 부러워 미칠 것 같은 인생으로 돌변했다. 아이가 태어났을 때 그렸던 장밋빛 청사진엔 두려움과 불안이 덧칠됐고 기쁨과 설렘은 절망과 오열로 대체됐다. "특별한 아이를 주신 데는 특별한 뜻이 있을 것"이라거나 "문이 하나 닫히면 다른 문이 열린다" 같은 주변의 다독임은 손톱만큼의 위로도 되지 않았다. 아니, 오히려 지독한 반발심만 불렀다. 특별한 뜻이고 뭐고 다 집어치우라고, 다른 문은 됐으니 이 문은 내버려두라고 바락바락 대들고 싶은 심정뿐이었다.

살다 보면 누구나 시련을 겪는다. 스스로는 통제할 수 없는 — 주먹을 불끈 쥐고 이를 악물거나, 엉덩이가 뭉개져라 책과 씨름하거나, 몇 날 며칠 밤새워 일을 해내고 마는 따위로는 극복할 수 없는 — 가혹한 역경과 고난의 시기가 반드시 찾아오기 마련이다. 그러한 때를 당한 이들을 향해 동기부여 전문가인 브라이언 트레이시는 이렇게 위로한다.



돈, 건강, 자녀, 인간관계……. 내용이 무엇이건 인생이란 본디 문제 혹은 위기의 연속이며 이는 인간의 행복과 성공을 바라는 '위대한 힘'의 조화라는 게 그의 지론이다. 행복을 위해서는 여러 가지 교훈을 배워야 하며, 고통 없이는 교훈을 제대로 배울 수 없기에 그 힘이 반드시 알아야 할 교훈을 고통으로 포장해서 선물로 보낸다는 것이다.

"당신이 겪는 모든 문제에는 교훈이 들어 있으며, 그 교훈은 문제 때문에 치러야 할 대가보다 값지다"는 트레이시는 "문제에 처했다면 나를 위해 숨겨진 교훈은 무엇인지 찾아보라"고 독려한다.

맙소사. 선물이라니. 교훈을 찾아보라니. 광폭한 시련의 한가운데 선 이에겐 좀처럼 받아들이기 어려운 충고다. 수용은커녕 A가 그러했듯, "그런 선물 따윈 필요 없다"며 가운뎃손가락이라도 치켜들고 싶을 것이다. 아파야만 성숙해진다면, 그냥 미성숙한 채로 살다 가겠노라 소리 소리치고 싶을 것이다.

하지만 분명한 것은 우리에겐 이 '선물'을 수신 거부할 방법이

없다는 사실이다. 어떤 인생이든 부침이 있고, 골의 깊이는 다를지
언정 누구든 어려움의 골짜기를 여럿 지나게 된다. 피할 수 없다면,
도대체 포장(문제) 속에 무엇이 들어 있는지 샅샅이 뒤져보는 게 최
선의 선택이다.

물론 말은 쉬워도 행하기는 절대 쉽지 않은 일이다. 그렇기에 바
로 그 지점에서 도약과 추락이 갈린다. 포장을 뜯느냐, 마느냐. 그것
이 시련 이후 삶의 질을 가르는 열쇠이다. 여기 인생에 던져진 문제
에 굴하는 대신 포장을 뜯고 값진 선물을 찾아낸 사람들이 있다.


## 인생을 역전시키는 힘


시련 또는 상처에 관해서라면 그녀만큼 할 말이 많은 이도 드물 것
같다. 10대 흑인 미혼모의 딸로 태어나 외조부모 손에 자라고, 어
린 시절 늘 배를 곯았을 만큼 가난에 찌들어 살았으며, 아홉 살 때
10대 사촌에게 성폭행을 당했고 이후에도 삼촌 등 가까운 사람들
로부터 숱한 성적 학대에 시달렸다. 청소년기엔 도둑질과 가출을
일삼았고 소년원을 들락거리기도 했다. 무절제한 성생활로 덜컥
임신하는 바람에 모친의 대를 이어 미혼모가 됐고, 출산한 지 2주
만에 아기를 잃는 고통을 겪기도 했다. '세계 시련왕 뽑기' 대회가

있다면 순위권은 단연 따 놓은 당상일 터다. 이토록 기구한 팔자의 주인은 바로 오늘날 미국 토크쇼의 여왕이 된 오프라 윈프리다.

여기저기서 다 아는 이야기라는 불평이 들려오는 듯하다. 왜 아니겠는가. 불우한 과거사야말로 오늘날 오프라 윈프리가 누리는 유명세의 기반이니 말이다. '시련의 여왕'에서 '토크쇼의 여왕'으로 인생을 역전시키고 미국 역사상 가장 강력한 브랜드(하버드대학 비즈니스스쿨 낸시 코엘 교수)로, 세계에서 가장 영향력 있는 여성(텔레그래프)으로, 나아가 당대의 '현상'(월스트리트 저널)으로 자리 잡은 드라마틱한 인생사는 '세기의 성공담'으로 오대양 육대주에 익히 알려진 바다. 이에 대해 에바 일루즈 히브리대 교수는 저서 『오프라 윈프리, 위대한 인생』에서 "참담한 역경과 상처를 공개적으로 고백하고 이를 자기극복의 경험으로 연결시킴으로써 보다 극적인 성공 스토리를 얻게 됐다"고 분석하기도 했다.

하지만 여기서 초점을 맞추고 싶은 대목은 따로 있다. 바로 시련을 대하는 윈프리의 자세다. 그녀는 『오, 오프라 매거진』 칼럼에서 이렇게 말했다.

"어려움이 닥칠 때면 '맙소사, 왜 하필 내게 이런 일이 생기는 거지?'라고 생각하지 않습니다. 그보다는 스스로 이렇게 묻지요. '이 어려움은 무엇을 가르쳐주려고 내 앞에

온 걸까?’”

브라이언 트레이시의 성공 조언과 가히 싱크로율 100%인 이 질문은 실제로 윈프리가 고통스러운 실패를 긍정적 경험으로 변환시키고 나아가 기회로 삼는 밑거름이 됐다.

2008년 스탠퍼드대학 졸업식 축사에서 윈프리는 자신의 삶에 가장 큰 영향을 미친 세 가지 교훈을 꼽으면서 이에 대한 자신의 철학을 좀 더 자세히 들려줬다.

> “인생 여정이 흠집 없이 순탄하기만 한 사람은 없습니다. 우리는 모두 비틀거리고, 고난을 겪기도 합니다. 일이 잘못돼 막다른 골목에 이를 때도 있습니다. 그건 바로 삶의 방향을 바꿀 때가 됐다는 인생의 신호입니다. 그러니 실패할 때마다 자신에게 물어보세요. 저는 그렇게 합니다. 모든 어려움, 고난, 힘든 시기에 저는 ‘이것이 나에게 뭘 가르쳐주려는 걸까?’라고 자문해요. 교훈을 얻고 나면 분명 발전하게 됩니다.”

그러면서 윈프리는 아프리카에 학교를 설립하면서 겪었던 시련을 예로 들었다. 윈프리는 흑인 소녀들에게 미래를 열어주겠다는 일념으로 남아프리카 공화국에 리더십 학교를 세우기로 했다. 그는 아프리카에서 가장 아름다운 학교를 짓고 싶은 마음에 장장 5년이라는 시간 동안 직접 건물 설계도를 점검하고 기숙사 침구도 손수 고를 만큼 정성을 쏟았다. 많은 돈과 시간을 들인 끝에 드디어 학교가 완공됐고 남아공 9개 지역에서 여학생을 선발했다. 그런데 누구도 예상치 못한 사고가 터졌다. 기숙사 사감 일부가 학생들을 수차례 성추행했다는 것이었다. 충격에 휩싸인 윈프리는 만사를 제쳐놓고 아동심리 상담사를 포함한 조사팀을 꾸려 남아공으로 떠났다. 비행기 안에서 그는 눈물을 삼키며 스스로에게 물었다.

'이 상황이 내게 가르치려는 것이 무엇일까?'

윈프리는 이렇게 말하고 있다.

"정말로 가슴 아픈 경험을 통해 저는 제가 중요하지 않은 것, 즉 외부적인 것에만 신경을 썼다는 사실을 깨달았습니다. 정말 중요한 것은 내실이라는 점도 말입니다."

삶에서 가장 중요한 것은 내면, 됨됨이라는 깨달음은 이후 그의 전매특허 격인 '치유 토크'에 힘을 더했다.

이처럼 시련과 고통에 숨겨진 메시지를 해석하고 이를 성장의 양분으로 삼는 능력이야말로 윈프리가 인생을 역전시킨 진정한 힘이었다는 게 전문가들의 공통된 분석이다.

## 잠재력 'X요소'를 끌어내라

역경을 선물로 받아들인 또 다른 여성을 살펴보자. 이름은 에이미 멀린스. 미국에서 육상선수로, 패션모델로, 영화배우로 종횡무진 활약 중인 금발미녀다. 그런데 멀린스의 키를 정확히 아는 사람은 아무도 없다. 177~186cm까지 마음먹은 대로 키를 늘리거나 줄일 수 있어서다. 비밀은 무릎 아래 두 다리를 대신하고 있는 의족에 있다.

1976년 미국 펜실베이니아 알렌타운. 눈부신 금발에 반짝이는 푸른 눈을 가진 어여쁜 여자아기가 태어났다. 아기를 안아 든 부모는 기쁨으로 눈물을 글썽였다. 그런데 잠시 후, 아이를 받은 의사가 어두운 표정으로 부모를 찾았다. 의사는 아기에게 종아리뼈가 없으며 두 발은 뒤틀려 있다고 말했다. 그리고 선고했다.

"이 아이는 평생 걷지 못할 겁니다. 다른 아이들처럼 뛰어다니지 못할 것이고 휠체어를 타야 할 겁니다. 성인이 되어도 독립적으로 생활하기 어려울 겁니다."

의사는 아이의 무릎 아래를 절단해야 한다고 말했다. 부모는 기뺨의 눈물 대신 피눈물을 흘리며 수술에 동의했다.

하지만 의사의 '예언'은 모조리 빗나갔다. 비운의 아기 에이미 멀린스는 의족에 의지해 두 살 때 걸음을 뗀 이후 강도 높은 물리치료와 재활훈련을 통해 의족을 끼고 자유롭게 걷고 뛸 수 있게 됐다. 또 자라면서 동네 친구들과 수영, 자전거, 소프트볼, 축구, 스키 등을 겨루며 두각을 나타냈다. 이뿐만이 아니었다. 17세 즈음 주에서 3명을 선발하는 미 외무부의 장학생 프로그램에 당당히 뽑혔고, 미 국방성에서 전략 분석 인턴으로 일하는 등 지적인 분야에서도 빛을 발했다. 자신의 한계를 넘어 날개를 펴고야 말겠다는 강철같은 의지와 노력이 맺은 열매였다.

멀린스가 본격적으로 세간의 주목을 받게 된 계기는 장애인 올림픽 출전이었다. 조지타운대학(워싱턴DC) 외교학과에 재학 중이던 그는 1996년 애틀랜타 장애인 올림픽 100m, 200m 달리기와 멀리뛰기에 참가해 세계 신기록으로 금메달을 목에 걸었다.

올림픽 금메달리스트로 얼굴을 알린 그는 이후 삶의 경계를 성큼성큼 넓혀나갔다. 1999년 영국 유명 디자이너 알렉산더 맥퀸의 런던 패션쇼에 모델로 나서 부츠처럼 장식된 의족을 신고 멋진 워킹을 선보였다. 극적인 인생사에 빼어난 외모까지 겸한 멀린스는 전 세계 미디어를 매혹시키고도 남았다. 『라이프』가 멀린스의 라이프스토리를 조명한 이후 『보그』, 『하퍼스 바자』, 『스포츠 일러스

트레이티드』등 유명 잡지에서 앞다퉈 그녀의 기사를 다룬 데 이어 『피플』지는 멀린스를 '세계에서 가장 아름다운 여성 50'으로 선정했다. 단숨에 '스타'로 부상한 멀린스는 미국 여성스포츠협회 리더로도 활발한 대외활동을 펼치는 한편 수편의 영화에 출연하며 배우라는 명함을 더했고, 제니퍼 로페즈, 그웬 스테파니 같은 유명인과 함께 다국적 화장품 브랜드 로레알의 모델로 나서기도 했다. 핸디캡의 유무를 떠나 한 인간이 이뤄낸 화려한 성취였다.

한편 30여 년 전 멀린스의 미래에 대해 '거짓예언'을 했던 의사는 멀린스의 성장을 지켜보며 의학적 관점을 전면 수정하게 됐다고 고백했다. 멀린스에 관한 기사를 꼬박꼬박 스크랩했던 이 의사는 멀린스의 이야기를 토대로 의대생들에게 '현재의 의학적 상태가 동일하더라도 각 사람의 대처, 그리고 그에 따른 결과에는 엄청난 차이가 있으며 이는 인간 내면에 숨겨진 잠재력 'X요소'에 기인한다'는 요지의 강의를 하고 있다고 한다.

X요소의 산 증인이 된 멀린스는 이제 자신의 인생과 경험을 토대 삼은 저술과 강연을 통해 수많은 이들에게 희망과 용기를 불어넣고 있다.

"만일 제가 열다섯 살 때 누군가 의족을 진짜 다리로 바꾸겠냐고 물으면 털끝만큼도 망설이지 않고 그러겠다고 했을 겁니다. 하지만 지금 그런 제안을 받는다면 글쎄요. 잘 모르겠어요. 왜냐하면 의족으로 인해 가능했던 보석 같은 경험들 때문입니다. 의족 덕분에 저에게 기회를 열어준 많은 이들을 만날 수 있었고, 제가 가진 역량과 가능성을 모조리 끌어낼 수 있었으니까요." (TED 강연 '역경의 기회', 2009)

**그리고 그는 역경에 대해 전혀 새로운 정의를 제시한다.**

"시험에 들기 전에는 우리가 어떤 능력을 가졌는지 알 수 없습니다. 역경이야말로 사람으로 하여금 자아와 능력을 일깨우도록 하는 선물입니다. 역경은 그저 험난한 시간 이상입니다. 우리가 아직 받아들이지 않았던 변화에 불과합니다. 역경은 우리의 삶을 유지하기 위해 피해야 할 장애물이 아닙니다. 그것은 우리 삶의 일부입니다."

## 우리를 시련에 들게 하소서

시험에 든 후에야 진정한 자아를 발견할 수 있다는 멀린스의 통찰은 미국 문학의 거두인 마크 트웨인의 단편소설 「해들리버그를 타락시킨 사나이」를 떠올리게 한다.

소설의 무대는 정직과 청렴의 대명사로 군림해온 마을 해들리버그. 3대째 걸쳐 지켜온 마을의 명성은 한 나그네의 계략으로 시험에 들게 된다. 해들리버그를 지나던 중 마을 사람들 때문에 감정이 상한 나그네가 마을을 타락시키기로 하고 마을 목사에게 금화가 든 자루와 편지를 보낸 것. 편지에는 과거 마을 사람 중 한 명에게 도움을 받아 큰 부자가 되었으며 그 은혜를 갚고 싶다는 거짓말이 적혀 있었다. 이 소식을 들은 마을 사람들은 목사에게 너도나도 자신이 도움을 준 주인공이라 자처한다. 수십 년 동안 그토록 자신했던 마을의 정직과 청렴이라는 가치가 외부인의 쪽지 한 장으로 인해 무너져 내린 것이다.

전 마을 주민이 망신살이 뻗치게 된 문제의 사건 이후 주민들은 신을 향한 기도를 달리하게 됐다. '우리를 시험에 들지 말게 하옵시고'라고 부르짖는 대신 "우리를 시험에 들게 하시고, 타락하지 않을 힘을 주옵소서"라고 간절히 바라게 된 것이다.

시험을 겪지 않은 해들리버그 사람들의 도덕성이 허구였던 것처럼, 역경을 겪지 않은 자아는 아직 진정한 자신을 만나지 못한 상태라 할 수 있다. 더불어 맷집과 역량을 키울 기회를 얻지 못한 상태기도 하다. 달리 말하면 시련이야말로 성장과 발전을 독려하는 조력자인 것이다.

# 인생이 준비한 선물

이제 다시 A의 이야기로 돌아가 보자. 패닉에 빠졌던 A와 온 가족
은 정신을 추스르고 아이 발달을 돕기 위한 뒷바라지에 지극정성
으로 매달렸다. 직장을 때려치운 A의 책상에는 업무 리포트 대신
'좋은 부모 되기' 서적이 산처럼 쌓여갔다. 그렇게 몇 년. 다행히도
딸아이는 느리지만 꾸준히 발달했고, 지금은 초등학교에 진학해
기대 이상으로 잘 적응하고 있다.

얼마 전 정말 오랜만에 친구들의 모임에 나온 A는 담담한 얼굴
로 말했다.

"옛날엔 말이지, 내심 학벌이든 뭐든 변변찮은 사람들을 은근히
무시했어. 아이가 공부 못해서 속 썩인다고 하면 내심 비웃었고 말
이야. 물론 내 아이는 당연히 똑똑하고, 무조건 최고로 잘난 아이가
될 줄 알았지. 그런데 이젠 공부가 다 뭐야. 아이가 매일 학교에 다
니는 것만도 감사할 뿐이야. 그리고 세상의 모든 사람들이 정말이
지 진심으로 귀하게 보여."

그런 A는 확실히 예전보다 겸손하고, 단단하고, 작은 행복에 민
감한 좋은 엄마가 되어 있었다.


연은 바람을 타고 높이 난다. 모진 바람을 맞아본 나무가 뿌리를

깊이 내린다. 역경을 어떻게 마주하느냐에 따라 역경 이후의 자신
은 분명 달라진다. 고비마다 굴곡마다 뜻을 발견할 수 있다면 위인
이 되거나 화려한 성공을 거머쥐는 것이 아니더라도, 훨씬 단단하
고 영근 자아로 나머지 인생을 담대히 맞이할 수 있다. 시련을 겪
고 있다면, 나를 위한 특별한 선물이 감춰져 있음을 꼭 떠올려보자.

# CHAPTER 13

# '무엇' 다음으로 '어떻게'를 고민했는가?

배는 하나의 닻으로 고정되어선 안 된다.
삶 역시 하나의 희망으로 고정되어선 안 된다.

— 에픽테토스

# 꿈과 멀어진 인생을 사는 법

인생이 뜻대로만 풀리면 오죽 좋으랴. 차고 넘치는 뒷받침 속에 하고 싶었던 일을 척척 해내고 마음에 품었던 꿈을 착착 이루며, 1년 365일이 언제나 봄날인 듯 꽃놀이인 듯 그렇게 마냥 행복하게 살 수 있다면.

하지만 어디 그러하랴. 대개 인생은 그리 너그럽지 않다. 봄날은 커녕 꽃놀이는커녕 매서운 풍파로 눈물을 쏙 빼놓기 일쑤다. 여건은 받쳐주지 않고, 계획은 무산되고, 꿈은 바람 빠진 풍선처럼 쪼그라든다. '하고 싶은 일'로 빼곡했던 인생 수첩은 장이 넘어갈수록 '할 수 있는 일' 또는 '해야만 하는 일'로 채워진다. 아, 인생. 야속하다.

여기서 한탄으로 마침표를 찍는다면, 혹은 도돌이표로 탄식을 반복한다면 그 삶엔 아마도 평생 볕 들 날이 없을 것이다.

생각해보자. 세상 모든 사람을 두 줄로 세운다면 '생각대로 T'보다 그 반대편에 속한 쪽이 훨씬 많을 것이다. '정말 하고 싶었던 일'을 하며 즐거움을 누리는 축복받은 인생 또한 그리 흔하진 않다. 한 취업업체의 조사에 따르면 직장인 가운데 현재 하는 일을 천직이라 여기는 사람은 열 명 중 한 명 남짓에 불과했다.

그런데 다행인 것은 그 '반대편'에서도 크고 작은 성공을 거두고 행복을 가꾸는 이들이 얼마든지 나온다는 사실이다. 어쩔 수 없이 시작한 일을 '천직'으로 바꾸어 빛나는 열매를 거둔 사례도 드물지 않다.

'꿈에도 생각지 않았던 길'을 '나의 길', 나아가 '대성공의 길'로 일궈낸 사람들의 성공 설계도엔 공통된 지침이 등장한다.

"피할 수 없다면, 사랑해버려라."

꿈과 멀어진 현실에서 "그렇게 나쁠 건 없잖아?"라는 긍정의 질문으로 열정에 불을 붙였던 남녀 대표 2인의 인생 궤적을 따라가 보자.


# 발붙인 현실에서 희망을 찾아라

1950년대 영국 런던. 한 소년이 있었다. 카펫을 팔던 부친은 그가 다섯 살 때 집을 나갔고 지독한 가난을 견디다 못한 모친은 소년과

남동생을 고아원으로 보냈다. 고아원 생활 7년. 재혼 후 얼마간 자리를 잡은 모친은 자식들을 다시 불러들였다. 소년의 나이 열한 살 무렵이었다. 소년에겐 어릴 적부터 품어온 꿈이 있었다. 나중에 커서 뭐가 되고 싶냐고 사람들이 물으면 소년은 1초도 머뭇대지 않고 축구선수라고 대답했다. 하지만 대단히 현실적이었던 억척 모친의 생각은 달랐다. 그가 열네 살 되던 해 어느 날, 어머니는 "좋은 자리를 봐뒀다"며 소년의 손목을 잡아끌고 집을 나섰다. 당도한 곳은 수습생을 뽑는다고 써 붙인 이발소 겸 미용실. 놀란 소년은 그러잡힌 손을 뿌리치려 했지만 어머니의 손가락은 수갑인 양 단단했다.

"먹고사는 데 기술이 최고다."

나직했지만 단호한 어머니의 한마디엔 바위처럼 확고한 신념이 배어 있었다.

삐거덕, 미용실 문이 열렸다. 소년의 귀엔 골문이 철컥하고 닫히는 소리가 울렸다. 머릿속에선 꿈에서도 흠모하던 축구공이 아득히 먼 곳으로 날아가고 있었다. 소년에게 그 문은 마치 지옥으로 들어가는 입구 같았다. 하지만 버티기도 잠시. 등을 꾹꾹 찌르는 어머니의 성화에 소년은 가게 안으로 떠밀리듯 들어섰다. 머리 만지는 솜씨가 좋기로 소문났던 이용사 아돌프 코헨은 몸가짐이 반듯한 소년을 마음에 들어 했고 그 자리에서 그를 '시다'로 채용했다.

훗날 세계에서 가장 유명한 헤어 디자이너이자 20세기 패션사에 한 획을 그은 아이콘으로 주목받았던 비달 사순의 '첫 발'은 이렇게 시작됐다. 불꽃 같은 열정은커녕 모친의 우격다짐식 강권에 마지못해 시작한 길이었다. "그 문에 들어서기 전까지 단 한 번도 미용사가 되겠다고 생각해본 적이 없었다"는 게 사순의 회고다. 인생 플랜에 미용사란 없었던 그가, 플랜 B도, 플랜 C도 아닌 플랜 Z나 됐을 법한 미용일로 타의 추종을 불허하는 성취를 이룬 비결은 '발붙인 현실'에서 최선을 찾아내는 긍정의 마인드였다.

미용 보조일은 상상했던 것보다도 훨씬 고됐다. 손님들의 머리를 감기고, 쓸어도 쓸어도 끝이 없는 머리카락을 치우고, 더러워진 빗을 빨고, 얼룩진 바닥을 닦아내다 보면 금세 녹초가 되고 말았다. 게다가 코헨은 전시라는 특수한 환경에도 아랑곳없이 수습생에게까지 항상 청결하고 말쑥한 차림새를 요구했다.

힘든 노동과 엄격한 규율에 질린 사순은 처음 며칠간 어떻게 하면 도망칠 수 있을지를 궁리하기 바빴다. 하지만 천성이 낙천적이었던 그는 얼마 안 가 마음을 고쳐먹었다.

'어차피 하는 거 최고가 되어 보는 건 어떨까?'

자신과의 타협안은 나쁘지 않았다. 마음을 바꾸니 모든 게 달라 보였다. 까다로운 코헨은 숙련된 기술과 완벽한 서비스 정신을 배울 최고의 스승이었다. 지옥도가 펼쳐질 것 같았던 미용실은 새 꿈을 키워줄 '드림랜드'로 변했다. 미용일을 '밥벌이'로만 여기던 동료들과 결정적 차이를 만들어낸 비결이 바로 여기에 있었다.

사순의 자세를 눈여겨본 코헨은 그를 애제자로 삼고 자신의 기술을 아낌없이 전수했다. 스승의 호된 가르침과 부단한 노력으로 테크닉을 연마한 사순은 더 큰 미래를 그리기 시작했다. 먼저 런던 토박이 억양을 뜯어고치기로 했다. 최고의 미용사로 상류층 고객을 맞으려면 보다 고상한 말투와 매너가 필요하다는 판단이었다. 없는 시간을 쪼개 스피치 코스에 등록했고 틈만 나면 극장을 찾아 가장 싼 표를 끊어 연극을 보며 세련된 톤과 어조를 듣고 익혔다.

코헨을 떠난 후 런던 중심가의 여러 미용실을 거치며 기량을 더욱 갈고 닦은 사순은 스물여섯 살이던 1954년 드디어 자신을 이름을 건 미용실을 열었다. 물론 개업 첫날부터 손님이 줄을 서는 기적은 일어나지 않았다. 파리를 날리는 날도 부지기수였다. 하지만 사순은 낙심하지 않았다. 손님이 없을 때는 창밖을 내다보며 지나는 여성들을 유심히 관찰했다. 당시 여성들의 머리는 하나같이 긴 머리카락을 벌집처럼 말아 올려 헤어스프레이로 고정하는 스타일이었다. 그러다 보니 매일 잠자리에 들기 전 롤러로 머리를 말고 자는 게 일상이었다. 창밖의 여인들은 그에게 뭔가 바뀌어야 한다는 강력한 신호를 보내고 있었다.

이때부터 사순은 '혁신'을 꿈꾸기 시작했다. 그는 여성들의 두상

과 얼굴 골격을 연구하며 아름다우면서 손질하기도 편한 스타일이
무엇일지 찾고 또 찾았다. 한때 선망했던 건축학 책을 뒤지며 영감
을 모색하는 한편 직원들과 '새로운 스타일'을 찾기 위해 열띤 토
론을 이어갔다. 무려 9년간의 연구 끝에 그는 바우하우스 건축양식
에서 힌트를 얻어 기하학인 형태를 가미한 전혀 새로운 스타일을
완성했다. 치렁치렁 긴 머리를 과감히 쳐올려 목덜미를 드러내고
옆머리는 스카프처럼 자유롭게 흩날리도록 한 파격적인 시도였다.

세상은 놀랐고, 여성들은 열광했다. '보브컷'으로 명명된 그의 커
트는 머리를 감고 훌훌 턴 후 곧바로 외출할 수 있는 게 특징이었
다. 롤러와 헤어스프레이에서 여성들을 해방시킨 것이었다. 일주일
에 한 번씩 헤어살롱을 찾을 필요도 없었다. 더구나 관능적인 매력
까지 넘쳐흘렀다. 20세기 패션사에서 샤넬이 코르셋에서 여성들을
해방시킨 것과 비견되는 획기적인 사건이었다.

기하학적인 비대칭 커트를 트레이드마크로 삼은 비달 사순은 승
승장구하기 시작했다. 미니스커트의 어머니로 불렸던 패션 디자이
너 메리 퀀트와의 협업에 힘입어 비달 사순 스타일은 단숨에 런던
의 최신 유행으로 자리 잡았고 이후 반세기 동안 전 세계에서 가장
유행한 헤어스타일이 됐다.

로만 폴란스키 감독이 사순에게 무려 5천 달러를 지급하고 영화
'악마의 씨'의 여주인공 미아 패로의 커트를 맡기면서 그의 유명세

는 태평양을 건넜다. 여배우가 머리를 자르는 장면이 전 세계적 기삿거리가 된 일은 전무후무한 일이었다. 사순의 경쾌한 숏커트 패로를 꼬마 요정처럼 변신시켰고 보그 등 유명 패션잡지가 앞다투어 사순과의 작업을 희망했다. 여세를 몰아 그는 60년대 말 뉴욕에 진출하며 글로벌에 불을 댕겼고 베벌리힐스점을 포함해 20개 이상의 직영매장을 거느리게 됐다.

그의 행보는 여기서 멈추지 않았다. 비달 사순 헤어 아카데미를 열고 '비달 사순 키즈'를 배출하기 시작했다. 매년 전 세계에서 연간 6천여 명의 미용사들이 비달 사순 아카데미를 찾아 교육을 받았다. 자신의 이름을 딴 헤어케어 브랜드를 만들어 비즈니스맨으로도 수완을 과시했다. 글로벌 뷰티업계 거물이 된 후엔 인권에도 관심을 쏟았다. 가난한 흑인들이 미용일을 배울 수 있도록 지원하는 재단을 만들었고, 예루살렘 히브리 대학의 반유대주의 연구센터를 후원하기도 했다.

미용실 '시다' 출신 사순은 미용사를 '헤어 스타일리스트'로 격상시켰고 미용업을 거대산업으로 끌어올린 선봉이 됐다. 20세기 패션 스타일을 바꿨고 여성해방에 일조했다. 그의 공로를 높이 산 영국 엘리자베스 여왕으로부터 대영제국훈장(CBE)을 받기도 했다.

2012년 5월 84세를 일기로 세상을 떠난 비달 사순은 생전 한 인터뷰에서 이렇게 말했다.

"내 성공에 가장 큰 영향을 준 것이 있다면 훌륭한 스승과
비전이라고 하고 싶다. 그 일이 무엇이든, 비전을 세우는
건 가능하다."

# 차선도 최고가 될 수 있다

디자인도 사업도 몰랐다. 이탈리아 밀라노 대학에서 정치학 박사
학위를 받고 사회주의와 여권 신장 운동에 앞장섰던 급진주의자.
마임배우로 활동하며 청춘의 열정을 불사르던 스물여덟 살의 처녀
미우치아 프라다에게 가업을 물려받으라는 모친의 독촉은 '아닌
밤중에 홍두깨'라 할 만큼 갑작스러운 요구였다. 그것도 파산 직전
의 회사를 말이다. 때는 1978년이었다.

1913년 미우치아의 외할아버지 마리오 프라다가 밀라노에 여행
가방과 액세서리 등 고급 가죽제품을 만들어 파는 매장을 열면서
출발한 패밀리 비즈니스는 1920~1930년대 전성기를 누렸다. 하지
만 1차 2차 세계대전을 거치며 유럽 경제가 얼어붙고 창업주인 외
할아버지가 1958년 세상을 떠나면서 사업은 내리막길을 달리기 시
작했다. 가업을 등한시하던 남자 형제들 대신 미우치아의 어머니가

사업을 맡아 꾸렸지만 회사는 끝내 파산 위기에 봉착하고 말았다.

사업에 두 손을 들어버린 어머니 앞에서 다른 선택은 없었다. 어쩔 수 없이 뛰어든 경영 전선. 정치학 박사 학위는 무용지물이었다. 패션도시 밀라노의 젊은 처자답게 멋진 옷을 사랑하긴 했지만 디자인이나 재봉, 패션에 대한 지식은 전무한 처지였다. 하지만 낙천주의자였던 미우치아는 의기소침하지 않았다.

"남들과 다르게 하면 되잖아?"

그는 자신의 옷장을 열고 아이디어를 찾기로 했다. '무지'는 오히려 신선한 영감과 용기를 줬다. 새로운 디자인보다 참신한 소재를 찾기로 한 미우치아는 할아버지가 트렁크 덮개로 쓰던 검은색 방수포에 주목했다. 군용 낙하산을 만드는 데 쓰이던 나일론 천이었다. 그녀는 즉각 '실험'에 나섰다. 가문의 비기(秘技)인 정교하고 꼼꼼한 가방 제조 노하우를 쏟아부어 나일론 가방을 만들어냈다. 전통적인 장인정신과 현대적 세련미가 어우러진 혁신적인 백이 탄생하는 순간이었다.

값비싼 가죽이나 천연소재에만 탐닉하던 럭셔리 업계의 통념을 완전히 뒤엎은 이 파격적 발상은 패션가를 발칵 뒤집고도 남았다. 가죽 백보다 훨씬 가볍고 견고한 나일론백은 어떤 시즌, 어떤 의상에도 잘 어울렸다. 얼마 안 가 이 백은 활동적인 여성들 사이에 '잇 백'으로 부상했다. 할리우드 스타, 슈퍼모델, 패션 에디터 등 전 세계 잘나가는 '패션왕'들이 앞 다투어 역삼각형 로고가 박힌 프라다백을 들었다. 일대 선풍이었다. 덕분에 따로 제품홍보가 필요 없을 정도였다.

'나일론 가방의 전설'은 프라다가 글로벌 럭셔리 브랜드로 입지를 굳히는 토대가 됐고 명품사, 나아가 현대 패션사에 혁명적 일화로 기록됐다.

사업가였던 남편 파트리지오 베르텔리를 만나면서 프라다는 디자이너로, 또 사업가로 입지를 거침없이 넓혀나갔다. 신발 라인을 확충하고 의류로도 영역을 넓혔다. '보여주기 위한 옷'이 '입어서 편하고 기분 좋은 옷'을 만들겠다는 그의 패션 철학은 프라다만의 심플하면서도 고급스러운 의상의 근간이 됐다. 이탈리아 장인 집안의 엄격한 퀄리티 관리도 명성을 높이는 데 큰 몫을 했다. 전통과 현대, 실용과 아름다움을 조화시킨 새로운 시도는 프라다 제국의 확장에 무한 동력이 되어줬다.

2012년 현재 미우치아는 포브스가 선정한 세계 20대 여성부호로 군림하고 있고 월스트리트저널 등은 그녀를 세계에서 가장 주목할 만한 여성경영인으로 꼽기에 주저함이 없다.

2000년대 중반 미국 뉴요커 지와의 인터뷰에서 미우치아는 패션과 거리가 멀었던 자신이 가내 수공업 회사를 글로벌 패션 파워하우스로 키워낸 비결을 털어놨다.

"언제나 새로운 것에 도전하려는 노력. 그리고 그저 내 일

을 열심히 해나가는 것. 성공은 그 다음 일이죠."

국내 한 일간지와의 인터뷰에서 했던 조언은 그의 성공 비결을
보다 입체적으로 뒷받침해준다.

"공부하고, 공부하고, 공부하세요. 자유롭게 읽고 보고 배

우세요. 뭐든지 읽고, 세계를 보세요. 그리고 뭔가 새로운

것, 당신 스스로의 정수에서 나오는 그 무엇을 소망하세요.

그러기 위해 당신 스스로에 대해서도 공부하세요. 당신의

개성과 재능이 뭔지 잘 따져보세요. 그리고 이 모든 걸 잘

혼합하세요. 가장 어려운 것은 당신 자신의 사고 당신 스

스로의 정수에서 나오는 것을 따라가는 겁니다." (「조선일보」

2009년 5월 16일)

## HOW가 WHAT을 이긴다

20세기 패션사에 굵직한 족적을 남긴 비달 사순과 미우치아 프라
다의 성장사는 동일한 메시지를 함축하고 있다. 요컨대 인생은 '무

엇을 하느냐' 보다 '어떻게 하느냐'에 달렸다는 것이다.

사실 먹고 살기 바쁜 평범한 다수에겐 '하고 싶은 일'을 찾아 올
인하라는 성공조언은 남의 나라 이야기일 수 있다. 가족부양, 생계,
나이, 환경 등 현실의 이런저런 장벽을 무시할 수 없어서다. 그런
이들에게 두 사람의 성공담은 보다 현실적인 팁이 되어준다.

해마다 대학생들이 '닮고 싶은 CEO'(코스닥 부문)로 첫손에 꼽는
손주은 메가스터디 회장의 성공 팁도 같은 맥락일 듯하다. "'무엇
을 하고 살 것인가'보다 '어떻게 살 것인가'의 답을 먼저 구하라"는
충고 말이다. '어떻게'야말로 대학을 졸업하기도 전에 결혼해 덜컥
아이를 낳고, 처자식을 먹여 살리기 위해 과외를 시작했다가 수천
명 학생을 몰고 다니는 스타 강사로 발돋움하고, 나아가 시가총액
8000억 원대의 온라인 사교육 업계 1위 기업을 일궈낸 핵심 키워
드였다.


2005년 미국심리학회는 27만 5천 명을 대상으로 실시한 심리학
실험연구 225건을 분석해 행복의 조건을 발표했다. 간단히 요약
하자면 '행복을 가져다주는 것은 삶에 대한 긍정적인 자세며, 그로
인해 행복해진 사람은 생산성도 높고 면역체계도 더 건강하고 돈
도 더 잘 번다'는 평범한 결론이었다.

이 연구를 토대로 『하우 투 비 해피』라는 책을 출간한 미국 리버

사이드 캘리포니아대학 심리학과 교수 소냐 류보머스키는 사람이 행복을 느끼는 데 영향을 주는 요인으로 타고난 성격 50%에 환경적 요인 10%, 나머지는 행복해지려는 개인의 의지와 그것을 실천하는 기술이 40%에 달한다고 분석했다. 행복감의 40%가 매사 좋은 쪽으로 보려는 노력 여하에 달려 있다는 뜻이다. 다시 말해 개인이 마음먹기에 따라 현재의 행복지수를 40% 정도 끌어올릴 수 있다는 의미기도 하다.

당신이 어디에 있건, 무슨 일을 하건 행복은 선택의 문제다.

# CHAPTER 14

# 정말
# 불가능한가?

당신이 자신에 대해 어떻게 생각하느냐가 당신의 운명을 결정한다.

— 헨리 데이비드 소로

# 한계를 거부하면 약점도 극복된다

벼룩은 잘 알려졌다시피 높이뛰기 챔피언이다. 2~3mm에 불과한 몸으로 최고 30cm 이상 뛰어오른다. 몸집의 약 100배를 숫구치는 가공할 점프력이다.(별거 아니라는 생각이 든다면 자신의 키에 100을 곱해보라.)

그런데 누구라도 벼룩의 점프높이를 임의로 통제할 방법이 있다고 한다. 성공학 대가이자 동기부여 권위자인 미국의 지그 지글러가 자기계발의 고전이 된 베스트셀러 『정상에서 만납시다』에서 소개한 벼룩 훈련법이다.

먼저 벼룩 몇 마리를 10cm 가량 되는 유리병에 넣고 투명한 뚜껑을 덮는다. 하늘 높은 줄 모르고 살았던 벼룩들은 연신 뚜껑에 부딪힌다. 20여분 후, 이들은 더 이상 처음처럼 높이 뛰지 않는다. 힘껏 뛰었다간 '유리천정'에 머리를 박게 된다는 사실을 깨달은 것이다. 이제 뚜껑을 열 때다. 자유를 가로막았던 천정이 사라진 후에도 벼룩들은 여전히 병 밖으로 나가지 못한다. 스스로 설정한 '안전한' 높이를 자신의 최대치라 여기게 된 까닭이다. 한 때 높이뛰기 왕이었던 이 작은 곤충들은 고작 뚜껑 아래까지만 점프할 뿐이다. 마치 한 번도 더 높이 뛰어본 적이 없었던 것처럼.

어쩌면 우리도 이야기 속 벼룩처럼 '유리뚜껑'을 머리 위에 얹고 사는지도 모른다. 이른바 '스펙'이라 불리는 여러 가지 자격조건을 토대로 타인에 의해서든 혹은 스스로에 의해서든 정해놓은 최대치에 따라 가능성의 크기를 한정하는 것이다.

그런데 어떤 사람들은 세상이 붙여둔 '자격 불충분' 혹은 '스펙 미달'이라는 딱지를 거침없이 떼어내고 보란 듯이 성공을 이룬다. '정해진 최대치'를 개의치 않고 병 밖으로 뛰어오르는 이들에겐 공통분모를 찾아볼 수 있다. 딸리는 스펙 혹은 콤플렉스에 대해 "So What?"이라 반문하는 배짱. 자신의 강점으로 약점을 뛰어넘는 전략과 노력이 그 주특징이다.

# 벼룩이라 불린 남자:
## "불가능이 뭔데?"

그가 출전하면 당연한 듯 신기록이 세워지고 그가 뛰고 나면 어김없이 축구 역사가 새로 씌어진다. 신들린 듯한 그의 플레이에 해설자들은 '경이롭다'며 말을 잃고 축구팬들은 그와 동시대에 산다는 걸 축복으로 여긴다. 가히 '축구신'의 강림이다.

리오넬 메시. 1987년생. 스페인 바르셀로나 소속으로 세계 최고의 골잡이로 각광받는 메시의 2011/12 유럽 시즌 성적표는 실로 눈부셨다.

해당 시즌 메시는 유럽축구연맹(UEFA) 챔피언스리그에서 모두 14골을 터뜨려 득점왕에 올랐다. 2008/09 시즌 이후 4년 연속 득점왕이 된 것. 1955년 리그가 창설된 후 처음 있는 일이었다.

여기에 한 시즌 최다 골 기록(72골)도 갈아치웠다. 근 40년 동안 불멸의 기록이라 여겨지던 종전의 기록(독일 바이에른 게르트 뮐러 · 67골)을 가뿐히 뛰어넘은 것이다. 게임당 세 골 이상을 몰아치는 해트트릭도 무려 10회에 달했고 챔피언스 리그 한 경기 최다골(5골)에도 자신의 이름을 올렸다. 이에 힘입어 전 세계를 통틀어 최고 활약을 펼친 축구선수에게 주어지는 국제축구연맹(FIFA) 발롱도르(Ballon d'Or)를 3년 연속 거머쥐는 영예를 차지했다.

펠레, 마라도나 등 역대 축구 전설들과 비견되는 메시에겐 최상급의 상찬이 쏟아진다.

그가 속한 바르셀로나의 펩 과르디올라 감독은 시즌 후 "메시와 경쟁하려는 선수들이 안됐다. 그를 넘어서는 것은 불가능한 일"이라고 단언했고 마라도나는 "세계 최고 선수는 누가 뭐래도 메시"라며 엄지손가락을 치켜올렸다. 골프황제 타이거 우즈는 메시를 두고 "다른 선수들을 모두 바보로 만드는 기술이 있다"며 혀를 내둘렀다.

'축구왕' 답게 '수입왕'의 권좌도 그의 차지다. 2012년 3월 프랑스 축구전문지 『풋볼』에 따르면 메시는 연수입 3천3백만 유로(약 490억 원)로 3년째 세계 축구선수 중 수입 랭킹 1위를 달렸다. 월급으로 환산하면 약 41억 원. '일당'으로 따지면 1억 4천여만 원에 달하는 천문학적 액수다. 더구나 2012년 현재 25세인 메시의 기록행진은 여전히 '진행형'이다.

'축구메시아'로까지 불리는 메시를 더욱 돋보이게 하는 요소는 바로 키다. 신장 169cm. 보통 남자로도 작은 축. 하물며 축구선수임에야 거의 '자격미달'급이어서다. 그런데 그 작은 키야말로 메시를 더욱 특별한 선수로 키워낸 강력한 동력이었다.

1987년 아르헨티나 서민 가정의 셋째 아들로 태어난 메시는 또래보다 한참 왜소하고 유난히 부끄러움을 타는 아이였다. 그의 형

로드리고는 키 작은 동생을 '벼룩'이라 부르곤 했다. 하지만 벼룩이 공을 찰 때만큼은 전혀 다른 아이가 됐다. 형제나 사촌들과 축구를 하며 놀 때면 누구보다도 열심히 공에 달려들었다. 재능도 예사롭지 않았다. 다섯 살이 채 되기도 전에 공을 다루는 실력이 또래와는 비교가 안 됐을 정도다.

어린 메시가 가장 무서워하던 벌은 '축구하러가지 말고 집에 있는 것'이었다. 외할머니는 한시도 발에서 공을 떼어놓지 않을 만큼 공차기를 즐기는 꼬마 손자를 동네 축구교실에 넣어줬다.

나이답지 않게 빠른 다리와 정확한 패스를 앞세운 메시는 얼마 안 가 혼자서 팀 절반을 따돌릴 만큼 출중한 실력을 자랑했다. 그런데 날로 커가는 실력과 달리 메시의 키는 좀처럼 자라지 않았다. 서너 살 어린 그룹에 끼어도 티가 안 날 정도였다. 걱정이 된 부모는 아들을 병원에 데리고 갔다. 11세, 정확히는 9세 6개월 때 127cm에 불과했던 메시를 진료한 의사는 아이의 몸에서 성장호르몬을 전혀 만들지 못하고 있다고 했다.

성장호르몬 결핍증. 청천벽력이 따로 없었다. 선수생명을 시작도 하기 전에 끝났다는 선고가 내려진 셈이다. 세계 최고의 축구선수를 꿈꾸던 어린 소년에겐 치명적인, 그리고 너무도 가혹한 진단이었다.

의사는 유전적으로 예정된 키를 되찾으려면 곧장 치료를 시작해야 한다고 말했다. 당시 아르헨티나에서 성장 호르몬 치료비는 한 해 1억 7천만 원에 달했다. 한두 해로 끝날 일도 아니었다. 서민이 었던 메시의 부모로선 감당하긴 어려운 큰돈이었다. 아깃적부터 품었던 꿈이 무너질 위기에 처한 메시의 절망은 크고 깊었다.

보다 못한 부모는 길을 찾아 나섰다. 아들의 재능을 담보삼아 치료비를 지원해줄 구단을 찾아 백방으로 뛰기 시작했다. 그때 스페인의 FC바르셀로나가 손을 내밀었다. 메시의 재능과 가능성을 눈여겨본 바르셀로나는 성장치료, 체계적인 추구교육, 부모의 직업까지 제공하는 놀랄만한 조건을 제시했다. 13세 메시는 가족과 함께 스페인 바르셀로나행 비행기에 몸을 실었다.

메시는 하늘이 내려준 구원의 동아줄을 단단히 부여잡았다. 매일 밤 허벅지에 고통스러운 주사를 맞으면서도 신음소리 한번 내지 않았다. 더불어 누구보다도 열심히 훈련에 임했다.

처음 바르셀로나에 왔을 때 141cm였던 메시는 치료와 함께 점차 자라기 시작했다. '치료발'은 169cm로 끝났지만 그것만도 감사할 따름이었다. 여전히 팀에서 가장 작은 선수였지만 메시는 개의치 않았다. 대신 작은 신장을 속도와 기술로 극복하고자 온 힘을 쏟았다. 우선 최대한 몸을 낮춘 후 볼을 몸에 바짝 붙여 빠르게 밀고 가는 독창적인 드리블 능력을 갈고 닦았다. 상대 수비에게 좀처럼 공을 빼앗기지 않는 '비기'가 여기서 나왔다. 공간과 볼의 흐름을 재빠르게 읽어 수비를 순간 돌파하는 훈련에도 집중했다.

타고난 재능에 전략적인 노력이 맞물린 메시의 지능적 플레이에 상대 선수들은 번번이 허를 찔렸다. 여기에 절망을 극복하며 단단해진 정신력은 경기 중 아무리 과격한 반칙을 당해도 평정심을 잃지 않는 담대한 배포까지 선사했다.

그렇게 3년여. 16세의 나이로 스페인 1부 리그에 데뷔한 메시는 18세 때 처음으로 골문을 열며 바르셀로나 역대 최연소 리그 득점 선수가 됐다. 이후 황금 같은 기록을 줄줄이 써내며 '작은 거인'이라는 별명을 온전히 자신의 것으로 만들어냈다.

그는 2008년 아디다스 CF에 출연해 자신의 '불가능 극복기'를 온 세상에 알렸다. '불가능, 그것은 아무것도 아니다'라는 당시 광고 카피는 곧 메시의 지난날을 요약한 한 줄이자, 화려한 오늘을 있게 한 성공주문이었다.

# 촌뜨기라 불린 남자 :
# "고졸이면 어때?"

일본 오사카 교외의 한 주택가. 한적하고 소박한 이 일대엔 일 년 사철 낯선 외지인들의 발길이 끊이지 않는다. 지도를 들고 동네를 두리번거리는 이방인들이 찾는 곳은 다름 아닌 한 교회. 그리 크지 않은 정사각형 모양의 회색빛 교회 건물을 발견한 이들의 표정은 이내 환해진다. 바로 건축가 안도 다다오가 세운 '빛의 교회'다.

군더더기 없는 외관에 벽면에 난 십자형 틈이 십자가를 대신하고 그 틈으로 스며드는 햇빛이 경건함을 더하는 '빛의 교회'는 차도 잘 다니지 않는 이 조용한 동네를 건축학도들의 필수 답사지이자 세계 여행객들을 끌어들이는 관광명소로 만들고 있다.

일본이 낳은 세계적 건축가로 꼽히는 안도 다다오의 이력은 길고 화려하다. 오사카 '빛의 교회', 홋카이도 '물의 교회'로 대표되는 교회 시리즈와 나오시마 현대미술관, 이탈리아 베네통의 리서치센터, 미국 포트워스현대미술관 등 건축사에 회자되는 건물을 설계했다. 건축의 노벨상으로 꼽히는 프리츠커상을 비롯해 일본건축학회장상 · 일본 문화디자인상 · 일본 문부성 순수미술 진흥상 · 마이니치 예술상 · 국제 디자인상 · 영국 왕립건축가협회상 굵직한 상을 휩쓸었다. 미국 예일대학 · 콜럼비아대학 · 하버드대학 객원교수, 도쿄대학 건축학과 교수를 역임했다.

그런데 이처럼 화려한 그의 이력서에서 유독 눈에 띄는 공란이 있으니 바로 대학졸업란이다. 최종학력이 고졸인 '오사카 촌뜨기'가 건축에 발을 들이고, 당당히 거장의 반열에 올라선 스토리는 한 편의 드라마 같다.

1941년 오사카 서민촌에서 태어나 공업고등학교 기계과를 졸업한 안도 다다오는 넉넉지 않은 가정형편과 신통찮은 성적으로 인해 대학진학을 포기했다. 대신 택한 길은 권투선수였다. 싸우면서 돈을 벌 수 있다는 게 멋져 보였던 까닭이었다. 프로 복서 데뷔 후 23전13승3패7무의 전적을 올렸던 안도가 어느 날 경기를 마치고 집으로 향하던 길이었다. 헌책방 진열대 한쪽에 놓인 책 한권이 어쩐지 눈길을 끌었다. 20세기 건축거장으로 꼽히는 스위스 건축가 르 코르뷔제의 작품을 소개하는 책이었다. 책장을 넘긴 순간 그의 등줄기엔 왠지 모를 전율이 스쳤다. 우연처럼 필연처럼 안도는 그 길로 건축에 매료됐고 그날로 건축의 길을 걷겠다고 마음먹었다.

충동적인 그의 결심을 들은 주변의 반응은 말리거나 혹은 비웃거나의 두 가지였다. 일부는 대놓고 "고졸 주제에 무슨 건축이냐"는 모욕도 서슴지 않았다.

하지만 안도는 자신을 비웃는 이들에게 오히려 반문했다.

"고졸이 뭐 어때서?"

물론 쉽지 않은 길임은 알고 있었다. 하지만 그의 결심은 흔들리지 않았다.

"일이라는 건 가능성이 적을 때 도전하는 것이 재미있지 않은가. 계속 해나가다 보면 분명 어느 순간 궤도에 오를 수 있다"는 게 그의 믿음이었다.

르 코르뷔제의 그림들을 밤새 베끼며 건축을 공부하기 시작한 안도는 이후 오로지 독학으로 건축의 모든 것을 배워나갔다.

학력 콤플렉스를 극복하기 위해 독하게 책을 읽었고 1962년부턴 프랑스와 영국 · 미국 · 독일 · 스페인 · 모스크바 · 아프리카를 직접 돌며 고전 건축물을 스케치하기 시작했다. 미켈란젤로, 아돌프 로스, 알바 알토, 루이스 칸 등의 작품과 수많은 고전건축을 눈으로 찍어 뇌세포에 새겼다. 눈앞의 실물은 최고의 교재였고, 손에 들린 책은 탁월한 스승이었다.

8년간 일본과 유럽, 미국과 아프리카를 누비며 수많은 건축물과 공간 등을 직접 체험한 그는 1969년 일본에 돌아와 '안도 다다오 건축연구소'를 열었다. 하지만 학력도 경험도 일천한 그가 건축가로 데뷔하기란 역시 쉽지 않았다.

도광양화(韜光養晦)라 했던가. 칼을 갈며 때를 기다리던 안도는 드디어 오래된 오사카 연립주택을 개조하는 일을 맡게 됐다. 10평 남짓한 작은 주택을 짓는 프로젝트였다. 그는 오사카 전통 서민가옥을 현대적으로 재해석하는 데 초점을 맞췄다. 그가 발로 뛰고 몸으로 체득한 건축미학은 기존 건축가들이 무관심했던 소재와 구조를 자신만의 시각으로 창조해내는 토대가 됐다. 비오는 날 우산을 쓰고 방과 방을 오가도록 만든 색다른 구조와 안도 다다오의 상징격인 노출 콘크리트를 사용한 이 연립주택은 기존에 없던 독창적인 미학으로 학계의 큰 관심을 받았고 1979년 일본건축학회상을 받기에 이르렀다.

이후 안도는 햇빛, 물, 바람 같은 자연의 요소를 건축물에 고스란히 끌어들이며 최고의 단순미를 구현하는 독창적인 스타일을 확립해 나갔다.

1997년 가을, 그는 또 다른 '사건'의 주인공이 됐다. 도쿄대학 공학부 건축학 교수로 임용된 것이다. 제도권 건축교육 경험이 전무한 고졸 출신의 실무 건축가가 보수적이기로 유명한 도쿄대학 교수가 됐다는 것은 실로 놀랄 만한 화제였다.

2012년 초 한국을 방문한 안도 다다오는 '고졸 건축가'로 성공한 감회를 묻는 청중의 질문에 이같이 말했다.

> "한국도 그렇지만 일본도 지독한 학력사회다. 그래서 고졸
> 인 나는 난 늘 질 수밖에 없었다. 연전연패였다. 그러나 계
> 속 싸우다 보면 언젠가 한번은 이길 거라 생각하며 끊임없
> 이 싸웠다." (「헤럴드경제」 2010년 4월 2일)

안도는 복싱선수 시절 늘 긴장감을 유지하는 훈련을 했던 것이 매 프로젝트마다 아무도 카피할 수 없는 새로운 스타일을 선보일 수 있는 평생의 자양분이 되어줬다고도 말했다. 책상머리에선 배

울 수 없는 이 '긴장감'이야말로 그가 남다른 독창성으로 공고한 학력의 벽을 넘어선 추동력이었다.

> "복싱이나 건축이나 항상 긴장감을 지녀야 하는 건 마찬가지다. 긴장을 풀면 그 순간 무너진다. 젊은 건축가들은 '직장인 근성'이 생기면 그 걸로 끝이다. 고인 물이 된다. 남과 다른 것을 내놓기 위해 늘 도전하고 스스로를 깨뜨려야 미래가 있다." (「헤럴드경제」 2012년 8월 30일)

# 탓이냐 덕이냐, 그것이 열쇠다

다시 처음 벼룩 이야기로 돌아가보자. 세간엔 지글러가 소개했던 벼룩 훈련법의 '외전'이 전해진다. 이어지는 내용은 다음과 같다.

벼룩들이 들어 있는 유리병을 알코올램프 위에 올려놓는다. 유리병이 점점 달궈지면서 벼룩들은 허둥대기 시작한다. 벼룩들은 앞 다투어 튀어 오른다. 유리병이 뜨거워질수록 고도는 점차 높아진다. 죽기 살기로 몸을 솟구쳐대던 벼룩들은 어느 순간 병보다 높이 뛰어오른다. 그리고 결국 유리병을 탈출하는 데 성공한다. 외전에 담긴 메시지는 보다 선명하다. 최대치는 가변적이다. 그리고 최대치를 정하는 것은 결국 자기 자신이다.

이번엔 또 다른 벼룩 이야기다.

고(故) 정주영 현대그룹 회장의 자서전에는 '벼룩'에 얽힌 일화가 등장한다.(빈대로도 회자된다.) 시골에서 가난한 농사꾼의 아들로 태어난 정 회장이 무일푼으로 고향을 떠나 인천 부두 공사판에서 일하던 시절의 경험담이다.

당시 청년 정주영은 허름한 노동자 숙소에서 지내며 숙식을 해결했다. 그런데 방에 벼룩이 들끓는 통에 밤에 통 잠을 잘 수가 없었다. 밤이면 밤마다 침대로 기어 올라오는 벼룩은 잡아도 잡아도 끝이 없었다. 그때 누군가 아이디어를 냈다. 대야에 물을 담아 침대 다리 밑에 받쳐두면 어떻겠냐는 것이었다. 벼룩이 헤엄을 칠 순 없는 노릇이니 틀림없이 벼룩을 막아낼 수 있으리라는 데 의견이 모아졌고 아이디어는 즉각 실행됐다.

하지만 벼룩에서 해방되리라던 모두의 기대는 보기 좋게 빗나갔다. 여전히 벼룩의 공격은 이어졌다. 가만히 보니 벼룩이 벽을 타고 기어올라 침대 위의 사람을 향해 뛰어내리는 것이었다. '바닥을 통한 루트'가 막힌 벼룩이 짜낸 묘안이었다. 뛰는 사람 위에 나는 벼룩. 벼룩들은 "찾으면 방법은 있다"는 동서고금의 진리를 유감없이 증명하고 있었다.

그런데 이 이야기에도 '외전'이 전해진다. 공중낙하라는 신기를 선보이며 결국 배를 불리는 데 성공한 벼룩들에 스포트라이트가 쏠렸던 그 밤, 방구석엔 굶어죽은 벼룩들이 수두룩하게 널려있었다. '다른 길'을 궁리하는 대신 '진수성찬'으로 가는 길을 가로막은 물의 장막을 하염없이 바라보며 연신 제자리 뛰기만 해대던 놈들이었다.

일본의 대표적 경영인으로 추앙받는 파나소닉(구 마쓰시타 전기) 창업자 마쓰시타 고노스케는 그는 생전 하늘로부터 세 가지 큰 은혜를 입고 태어났다고 말하곤 했다. 가난한 것, 허약한 것 그리고 못 배운 것이 그것이었다. 가난 덕에 부지런히 일하지 않고선 잘살 수 없다는 진리를 터득했고, 타고난 약골이었던 덕에 일찍부터 몸을 아끼며 건강관리에 힘썼으며, 초등학교도 졸업을 못한 덕에 늘 이 세상 모든 사람을 스승으로 여기고 배우는 데 주저하지 않았다는 게 그의 설명이었다. 대부분 사람들이 성공의 걸림돌이라 탓했을 악조건을 오히려 덕으로 여기고 더 나은 길을 궁리했던 마음가짐이야말로 그가 '경영의 신'으로 등극했던 비결이기도 했다.


자. 이제 자문해보자. 당신은 어느 정도로 높이 뛸 수 있는가? 혹시 뚜껑을 탓하며 스스로 정한 한계에 맞춰 뛰어오르고 있진 않은가? 길이 막혀 있다면, 벽으로 기어오르는 방법을 찾아본 적은 있는가?

# CHAPTER 15

# 자존심 때문에 기회를 놓치진 않았는가?

**행복해지거든 남들에게 지나치게 신경 써선 안 된다.**

— 알베르 카뮈

# 자존심이 밥 먹여주지 않는다

아가씨와 아줌마 구분법 두 가지. 목욕탕에서 수건을 몸에 두르면 아가씨, 머리에 두르면 아줌마다. 지하철에서 앉기 전에 주변을 살피면 아가씨, 앉은 후 주변을 살피면 아줌마다. 단순하지만 명확하다. 요는 '남의 눈'을 얼마나 의식하느냐다.

타인의 시선에 개의치 않고 목적을 달성하는 세칭 '아줌마 정신'은 '무대포 정신'과 상통한다. 과하면 여지없이 '진상'으로 가는 지름길이다. 그런데 흥미로운 것은 '남다른 성취'를 이룬 인물 중 상당수가 이런 정신의 소유자란 사실이다.

맥도날드 성공신화의 주역인 레이 크록이 그 한 예다. 52세라는 나이에 외식사업에 뛰어든 크록은 사업 초기 새벽마다 경쟁사 쓰레기통을 뒤지고 다녔다. 그 집에서 전날 고기는 몇 상자나 썼는지,

빵을 얼마나 썼는지 등의 운영 노하우를 알아내기 위해서였다. 거지나 부랑자 취급을 받기도 일쑤. '싸장님 가오'를 생각하면 있을 수 없는 일이었다. 하지만 그는 아랑곳하지 않고 쓰레기통 안을 살피며 부족한 점, 배울 점을 찾아냈고 이를 보완해가며 맥도날드만의 성공 매뉴얼을 만들어냈다. "알아야 할 모든 것은 쓰레기통 안에 들어 있었다"는 크록의 지휘 하에 1950년대 작은 햄버거 가게였던 맥도날드는 오늘날 세계 120여 개국에 3만 3천여 매장을 거느린 세계 1위의 외식 업체이자 세계 최대 프랜차이즈 기업으로 군림하고 있다.

'맥도날드의 아버지'가 던지는 성공 메시지는 분명하다. 남들이 어떻게 생각할지보다는 자신에게 필요한 것, 자신이 원하는 삶에 초점을 맞추라. 필요하다면 체면을 구기는 일도 서슴지 말라. 진정 원하는 것을 얻기 위해서라면 당장의 '쪽팔림' 정도는 얼마든지 감수하는 용기가 필요하다. 미인도 성공도 '용자'의 것이다.


## 사랑보다 존중을 구하라


2000년대 중반 '미국에서 가장 영향력 있는 여성 CEO'를 꼽으라면 그녀의 이름이 단연 첫 손에 꼽혔다. 칼리 피오리나. 루슨트테크

놀로지, HP 등 거대 기업을 이끌며 탁월한 리더십으로 이름을 떨쳤고 미국의 대표적 여성 리더로 자리매김한 여자. 굵직한 전적이 굴비두릅처럼 엮인 이력서만 보면 그녀가 '천상철녀'였으리라 짐작하기 쉽지만 피오리나는 실은 여리고 소심한 축이었다. 당연히 성공의 사다리를 오르는 과정 또한 결코 수월하지 않았다. 사회 초년병시절부터 '여자'라는 이유로 남성 중심의 조직에서 배척당하고 은근한 때론 노골적인 성적 모욕을 겪으며 눈물을 쏟기가 다반사였다.

그랬던 그녀가 '남들의 기대'를 뛰어넘는 성과를 올리며 유능한, 더불어 강인한 여성리더로 자리매김한 출발점은 아이러니하게도 '남들의 기대'에 맞춰 살지 않겠다고 결심하면서부터였다. "행복해지려거든 다른 사람들을 지나치게 신경 써선 안 된다"는 알베르 카뮈의 말이 그 '옥조'가 됐다.

20대 중반이었던 1980년 AT&T에 입사한 피오리나는 '여직원'에 호의적이지 않았던 영업부를 자원했다. 상사의 신뢰와 인정을 얻기 위해 불철주야 업무를 익히고 배워나가던 어느 날, 피오리나에게 중요한 고객과의 저녁식사에 함께 하라는 지시가 내려졌다. 드디어 조직의 일원으로 인정받는가 싶은 마음에 뛸 듯이 기뻐하던 피오리나는 미팅 바로 전날 직속 상사의 호출을 받았다.

"자넨 내일 오지 않아도 되네."

상사의 갑작스러운 말에 놀란 피오리나는 물었다.

"아니 왜죠?"

상사는 저녁 약속 장소가 '여직원과 함께 가긴 부적절한 곳'으로 바뀌었다고 말했다. 고객이 스트립 바에서 만나기를 원했다는 것이었다. 거의 벗다시피 한 여성 댄서들이 식탁에 올라가 몸을 흔들어대는 그런 식당이었다.

빠지라는 상사의 통고에 낙심한 피오리나는 여자 화장실 변기에 앉아 눈물을 흘렸다. 그러기를 수 분. 피오리나는 변기를 박차고 일어섰다. 어렵게 찾아온 기회를 포기할 순 없었다. 얼굴에 철판을 깔기로 했다. 눈물을 깨끗이 닦아낸 피오리나는 다시 상사에게 가서 아무렇지 않은 표정으로 말했다.

"불편하게 해드리고 싶진 않지만 저도 내일 미팅에 꼭 가고 싶네요. 그럼 거기서 뵙겠습니다."

상사의 얼굴은 일그러졌다. 돌아서는 뒤통수엔 날선 시선이 꽂혔다. 보란 듯이 등을 꼿꼿이 세우고 걸어 나오긴 했지만 터질 듯한 심장 소리가 사무실 밖에까지 들릴 듯했다. 게다가 뭐라고 소문이 돌았는지 오후 내내 피오리나를 바라보는 직장 내 시선들이 묘하기만 했다.

고문 같은 밤이 흘렀다. 뭐 씹은 표정이 역력한 상사의 얼굴과 회사 동료 직원들의 비웃는 듯한 눈길과 다음날 스트립 바에서 벌

어질 광경이 만화경처럼 섞여 돌아갔다. 겁이 나 죽을 것만 같았다.

이튿날 저녁. 피오리나는 마음을 굳게 먹고 택시를 잡아탔다. 바지정장을 갑옷처럼 차려입고 서류가방을 방패처럼 끌어안은 피오리나는 말했다.

"○○바(bar)로 가주세요."

뜨악한 표정의 택시기사는 연신 백미러로 피오리나의 모습을 흘끔거렸다.

야릇한 불빛이 너울대는 음침한 골목. 택시에서 내려 바에 들어선 피오리나는 한 마리 원숭이가 된 기분이었다. '있어서는 안 될 자'를 향한 손님들과 종업원들의 시선은 따갑기 그지없었다. 얼굴이 화끈거렸다. 하지만 기왕 철면피를 택한 터. 피오리나는 쏟아지는 시선에 턱을 더 높이 치켜들고 자리를 찾았다. 그리고 아무렇지도 않게 업무 이야기를 시작했다. 민망해하는 쪽은 오히려 상사와 거래처 고객, 그리고 테이블 위의 아가씨였다. 얼마 후 댄서는 어깨를 으쓱해 보인 후 자리를 떴고 피오리나는 한층 열정적인 어조로 제품을 홍보했다. 그러기를 몇 시간. 얼굴이 벌개진 채 안절부절못하는 상사를 남겨두고 피오리나는 당당히 바를 걸어 나왔다.

이 '스트립바 사건'은 피오리나가 주어진 일에 '최선'을 다한다는 사실과 남성 중심의 조직에서 얼마든지 버텨낼 뚝심이 있다는 사실을 입증하는 계기가 됐다.

그녀는 자서전 『칼리 피오리나, 힘든 선택들』에서 중요한 깨달음을 전하고 있다.

"난 그때까지 사랑을 받으려고 열심히 노력했다. 누구나 사랑받고 싶어 하지만 특히 여성들은 상대에게 유쾌하고 붙임성 있는 사람이라는 인상을 주고 싶어 하는 경향이 있다. 하지만 나는 사랑받는 것보다 존중받는 게 더 중요하다고 결론지었다." (칼리 피오리나, 『칼리 피오리나, 힘든 선택들』, 공경희 옮김, 해냄, 2006, 85쪽)

사랑을 잃은 대신 존중을 얻었던 그의 조언은 이렇게 이어진다.

"당당하게 서라. 할 수 있다면 혼자 서라. 자신이 옳다면 승리한다는 사실을 명심하라."

## 까짓 것, 기죽지 마라

눈은 떴으나 보이질 않았고, 귀는 있으나 들리질 않았고, 입은 열렸으나 말을 못했다.

백인 골퍼들은 말이 서툰 동양의 무명선수를 투명인간인양 대했다. 반갑게 인사를 해도 눈길조차 주지 않았다. 라커룸에서도 연습장에서도 그는 언제나 '거기에 없는 남자'로 취급됐다. 유일하게 존재감을 느낄 때는 스윙연습을 할 때 정도였다. 세상에 저런 스윙도 있었냐는 듯 낄낄거리는 조롱이 그나마 그가 받는 관심이었다.

한국의 대표 간판 골퍼 최경주 선수에게 초창기 미국 생활은 말 그대로 고행이었다.

1990년대 후반 한국과 일본 무대를 제패한 그는 미국 프로골프(PGA) 출전 자격을 얻고자 2000년 그 등용문 격인 미국 Q스쿨 행을 감행했다. 한국과 일본대회 기득권을 과감히 포기한 선택이었다. 서른이 넘은 나이, 처자식이 딸린 몸. 모두들 승률이 희박한 도박이라며 고개를 가로저었다. 하지만 한국인 최초로 꿈의 무대로 불리는 PGA 투어에 진출하고야 말겠다는 그의 일념은 꺾이지 않았다.

그런데 청운의 꿈을 품고 플로리다에 도착한 그를 기다린 것은 언어와 인종차별과 실력 차라는 3중 장벽이었다. 난공불락의 철옹성 같은 그 장벽은 최 선수의 '아메리칸 드림'을 '아메리칸 나이트 메어'로 바꾸어놓을 만큼 거대했다.

필드에서도 영어가 계속 발목을 잡았다. 캐디가 하는 말을 전혀 알아들을 수가 없었다. 하는 수 없이 감으로 볼을 치고 나면 캐디들은 손가락으로 자신들의 머리를 가리키며 뭐라고 쑥덕대곤 했다.(그 말이 '돌대가리' 라는 뜻임을 알게 된 것은 한참 후의 일이었다.)

하지만 최경주는 기죽지 않았다. 아니 기죽을 수 없었다. 여기서 물러서면 죽도 밥도 안 된다는 생각뿐이었다. 그는 자존심을 꾹 눌렀다. 무작정 부딪치기로 했다. 그때부터 그는 자신을 그냥 지나쳐가는 선수들을 끝까지 따라가 인사를 하고 존재를 홍보하기 시작했다.

"하이, 아임 초이!"

눈살을 찌푸리건 아래위로 훑어보건 뜨악한 표정을 짓건 그는 웃는 낯으로 한마디를 보탰다.

"땡큐!"

동료선수건 캐디건 갤러리건 누가 무슨 말을 하더라도 그는 '땡큐'로 일관했다. 혹여 나쁜 뜻이었다면 상처를 받거나 감정다툼이 났을 테니 오히려 못 알아듣는 게 다행이라 생각하기로 했다. 뻔뻔해지기로 결심하면서 답답함은 눈 녹듯 사라졌다. 기대 이상의 효과도 있었다. 365일 "땡큐"라 답하는 그에게 호의를 표하는 선수와 갤러리들이 조금씩 늘어났다.

한편으로 그는 죽기 살기로 연습에 매달렸다. 1년 365일 언제나 누구보다 빨리 연습장에 갔고 누구보다 늦게 연습장을 떠났다. 자신과 체형이 비슷한 선수들의 스윙을 비디오로 연구하며 폼을 교정하고 스윙을 다듬었다. 타이거 우즈의 노하우대로 한 가지 샷을 성공할 때까지 반복해 자신의 기술로 만들어가 혹독한 연습으로 손바닥은 터지고 굳기를 반복했고 발톱은 뒤틀렸다.

비제이싱 등 톱선수를 보면 자존심을 팽개치고 쫓아가 '한 수 지도'를 청하기도 했다. 실력만 늘릴 수 있다면, 자존심 상하는 것 정도야 아무것도 아니었다. 그에게 오직 중요한 일은 자기 자신과의 싸움에서 이기는 것이었다.

그는 한 TV 토크쇼에 출연해 당시의 각오를 이렇게 전했다.

"오늘 공 천 개를 치겠다고 자신과 약속했으면 천 개를 쳐야 한다. 999개까지 치고 내일 1001개를 치겠다며 골프채를 내려놓는 순간 성공은 멀어진다. 결국 모든 일은 나에게 달려 있는 것이다."

공 하나를 움직이더라도 자진납세를 해서 벌타를 인정받을 만큼 스스로를 밀어붙이기를 2년여. 처자식과 함께 모텔방을 전전하는 유랑생활을 하며 그는 지옥 같았던 Q스쿨을 두 번이나 거친 끝에 마침내 PGA 출전자격을 따냈다. 그리고 미국에 도착한 지 2년 만인 2002년 PGA 뉴올리안즈 컴팩클래식에서 우승, 한국인 최초·동양인 최초 PGA우승이라는 기록을 세웠고 이후 2011년 5월 제5의 메이저대회라 불리는 플레이어스 챔피언십 우승까지 PGA 투어 통산 8승이라는 위업을 달성했다.

물론 중간 중간 '슬럼프'도 있었다. 하지만 그는 '슬럼프'일 때조차 의기소침하지 않았다.

"벽을 시멘트로 바른다 치자. 마른 곳도 있고, 덜 마른 곳도 있다.

덜 마른 곳은 말라가는 과정일 뿐이다. 그런 의미에서 나에게 슬럼 프란 없다."

'탱크' 같은 배짱과 투지를 밑천 삼아 PGA 무대로 진격했던 그는 대한민국에서 가장 성공한 골퍼로, 아시아에서 가장 유명한 골퍼로 올라섰다. 라운딩에선 '초이'를 응원하는 갤러리의 함성이 하늘을 찌르고 어디서든 다른 나라 선수들이 먼저 인사를 청한다.

선수활동 이외의 행보도 두드러진다. 아시아 최초로 선수 이름을 건 한국프로골프 투어 최경주 CJ 인비테이셔널을 개최하고 자신의 이름을 딴 나눔 재단을 설립해 사회기여에도 앞장서고 있다. 선수가 아닌 재단 이사장으로 가진 언론 인터뷰에서 그는 이렇게 말했다.

"그동안 골프를 지독하게 해왔지만 연습을 하면 할수록 마음가짐이 달라진다. 그 연습이 강해질수록 정신도 강해진다. 어떠한 풍파도 어려움도 견딜 수 있게 된다. 그런 골프정신이 사회에서도 도움이 된다." (「한국경제」 2011년 10월 18일)


## 쪽팔린 것 또한 지나가리라


모든 리더(leader)는 리더(reader, 독서가)라지만 그만큼은 예외였다.

혼다자동차 창업주 고 혼다 소이치로 이야기다.

대장장이 아들로 태어나 초졸 학력으로 자동차 수리공을 거쳐 혼다자동차를 일군 혼다 소이치로는 평생 책과 담을 쌓고 살았다.

"오백 페이지 책을 읽어도 필요한 것은 한 페이지 정도인데 그걸 찾아내는 비효율적인 일은 하고 싶지 않다"는 지론이었다. 모르는 게 있어 책을 읽어야 한다면 대신 알 만한 사람을 찾아가 답을 구한다는 게 그의 철칙이었다.

불도저식 배짱으로 유명했던 혼다 소이치로에게 '초졸 학력'은 콤플렉스가 아닌 '모른다 말할 수 있는 특권'이었다.

> "나의 특징은 툭 터놓고 물을 수 있다는 것이 아닐까 생각한다. 즉 학교를 다니지 않은 것을 간판으로 내세우고 있으니 모르는 게 있어도 이상할 건 없다. 그래서 구애받지 않고 아무에게나 물을 수 있다." (혼다 소이치로, 『좋아하는 일에 미쳐라』, 이수진 옮김, 부표, 2006)

그의 또 다른 특징은 실패를 하고도 언제나 태연했다는 것이었다. 중요한 개발에 실패하고도 "실패를 저지르지 않는 사람은 위에서 시키는 대로 하는 사람"이라며 오히려 큰소리를 떵떵치곤 했다.

남에게 묻기를, 실패하기를 조금도 부끄러워하지 않았던 그는 지금까지도 일본 3대 경영의 신이자 21세기 일본에 필요한 혁신적 리더의 모델로 추앙받고 있다.

남들이 어떻게 볼까, 남들은 뭐라고 할까……. 당신이 노상 타인의 평가를 신경 쓰느라 성장 혹은 발전의 기회까지 놓치는 쪽이라면 지금껏 등장한 인물들이 강조하는 공통된 교훈, "쪽팔림을 견디라"는 일성을 방패로 삼아볼 만하다.

이른바 'aa형'으로 불리는 극소심파 사람들에게 '뻔뻔해지라'는 조언은 실천불가 항목으로 여겨질지 모른다. 하지만 그런 이들에게 힘이 될 사실이 있다. 남들은 당신의 행동을 그리 대단하게 신경쓰지 않는다는 것이다. 적어도 당신이 걱정하는 것만큼은 말이다. 생각해보라. 대부분 사람들의 최대 관심사는 오로지 '자신'이다. 두고두고 당신의 실수나 말을 생각할 사람은 아무도 없다. 또 하나. 아무리 지독한 '뒷담화'라도 배를 뚫고 들어오진 못한다.

흔히 사람은 변하지 않는다 하지만 그간 보아온 데 따르면 노력 여하에 따라 소심함도 얼마든지 개선할 수 있다. A가 O형으로 개벽할 순 없다 하더라도 aa에서 AA로, 나아가 AO 정도로는 무리없이 변신할 수 있다. 설령 속은 그대로라 하더라도 사회에서 필요한 순간, 필요한 모습을 (큰 불편 없이) 연출할 수는 있는 것이다.

여기에는 2006년 아시아계론 처음으로 CBS 리얼리티쇼 「서바이버」의 우승을 차지한 권율씨가 소개한 '자기개조법'이 참고가 될 것 같다.

청소년기 선생님을 실망시킬까, 친구들로부터 따돌림을 당할까 두려워했고, 그런 모습을 들킬까봐 노심초사했을 만큼 콤플렉스 덩어리였던 그는 친한 형의 자살을 계기로 스스로를 바꿔나가기로 결심했다. 이를 위해 '어떤 수업시간이라도 반드시, 조건 없이, 시작한 지 5분 안에 손을 들어 무언가를 말한다'와 '오늘 친구와 세 마디 이상 말한다' 등의 변화를 위한 실천목록을 쓰고 반드시 지켰다. 처음엔 입이 바짝 바짝 마르고 등줄기에 땀이 줄줄 흐를 만큼 힘든 과제였지만 점차 익숙해졌다. 그렇게 1개월, 3개월 후 그는 스스로 조금씩 달라지는 것을 느꼈고, 삶의 긍정적인 방향으로 변해나가리라는 믿음이 강해졌다고 증언하고 있다.


양반이라도 추우면 겻불을 쬘 것이며, 사자라도 배가 고프면 풀을 뜯을 줄 알아야 한다. 까짓 자존심에 상처쯤 참아내면 그만이다. 꼭 기억하자. 솔로몬의 지혜로 널리 알려진 "이 또한 지나가리라"는 '쪽팔림'에도 고스란히 적용될 수 있다.

**에필로그**

# Q & Act!

옛날 옛적 학력고사 시절의 유머 하나.

고3 아들 성적 때문에 속을 끓이던 한 부인이 장안에 용하기로 소문난 도사집을 찾았다.

"어떻게 하면 성적을 확 올릴 수 있을까요?"

눈을 감은 도사는 한참 동안 공들여 괘를 뽑았다. 얼마 후 눈을 번쩍 뜬 도사가 말했다.

"국영수 중심으로 암기과목 철저히!"

뜬금없이 고래적 유머를 꺼낸 이유는 하나다. 인생을 바꾼다는 질문과 그 답들이 너무 뻔하다고 생각하는 독자들을 위해서다.

사실 지금껏 소개한 주인공들의 인생해법은 교과서적이다. 필요한 때 적절한 질문을 던졌고, 그 답을 찾아냈다.

그런데 곰곰이 생각해보자. 따지고 보면 성공의 비결은 대부분 뻔하지 않던가. 공부를 잘하려면 공부를 열심히 해야 하고, 부자가 되고 싶으면 돈을 아끼고 부지런히 모아야 한다. 관건은 그 뻔한 비결을 충실히 실천하느냐에 있다. 당연하지만 아는 것과 행하는 것은 전혀 다른 문제다.

이야기에 등장한 인물들이 특별할 것 없는 질문들을 자극삼아 특별한 성취를 이룰 수 있었던 힘도 거기에 있었다. 주어진 질문(Question)을 악착같이 붙들고 답을 찾아내 그 답을 온전히 실행(Act)하는 'Q & Act'가 그 비결이었다.

'외부인' 혹은 '관람자'의 자세로는 뻔한 질문에서 특별한 지혜를 결코 끌어낼 수 없다. 질문 속으로 적극 뛰어들어 나를 위한 답을 캐내야 한다. 그렇게 손에 쥔 답을 내 삶에 적용해야 한다. 그럴 때에야 비로소 '그들의 성공'이 '나의 성공'을 위한 영감으로 다가올 수 있다. 되풀이되지만 특별한 인생은 뻔한 질문에 특별한 답을 찾은 이에게 주어지는 월계관이다.

이제 마지막 질문을 소개할 때가 된 것 같다.

고(故) 정주영 회장이 40여년 전 맨손으로 현대중공업 창업한 일화는 지금까지도 전설처럼 회자된다. 1971년 정 회장은 조선소 건설을 위한 차관을 빌리기 위해 유럽으로 떠났다. 프레젠테이션 자료라곤 황량한 미포만 해변 사진 한 장과 5만분의 1 지도, 외국 회사에서 빌린 유조선 설계도 한 장이 다였다. 당연히 반응은 냉랭했다. 영국 바클레이 은행의 롱바톰 회장을 만났을 때도 대답은 역시나 '노(No)'였다. 이때 정 회장은 바지 뒷주머니에서 5백 원짜리 지폐를 꺼냈다. 그리고 롱바톰 회장의 눈앞에 지폐에 그려진 거북선 그림을 내밀었다.

"우린 영국보다 300년이나 앞선 1500년대에 이미 철갑선을 만들었습니다. 그 잠재력만큼은 충분하다고 생각합니다."

그 배포에 감명 받은 롱바톰 회장은 차관 제공 서류에 사인을 했다. 현대중공업은 2012년 현재 지금 5대양 선박의 15%를 만들며 글로벌 1위를 지키고 있다.

남들은 모두 불가능하다고 말할 때 정 회장은 이렇게 질문했다.


*"임자, 해봤어?"*


질문하라. 그리고 답을 행하라.

우리도 그들처럼, 지지부진을 타파하고 인생을 도약시키는 놀라운 경험을 공유하게 될 것이다.

## 참고도서


- 『꿈이 있는 거북이는 지치지 않습니다』 김병만, 실크로드
- 『미쳐야 청춘이다』 서상록, 한국경제신문사
- 『통큰 부모가 아이를 크게 키운다』 이원숙, 동아일보사
- 『어머니는 나에게 하고 싶은 일을 하라고 하셨다』 데즈카 오사무, 누림
- 『고든 램지의 불놀이』 고든 램지, 해냄
- 『프로페셔널의 조건』 피터 드러커, 청림출판
- 『내 인생의 오디션』 바버라 월터스, 프리뷰
- 『세상을 움직인 위대한 비즈니스 레터』 에릭 브룬, 비즈니스맵
- 『왜 일하는가』 이나모리 가즈오, 서돌
- 『성공의 기술』 빌 보그스, 행복우물
- 『학문의 즐거움』 히로나카 헤이스케, 김영사
- 『마지막 강의』 랜디 포시, 제프리 재슬로, 살림출판사
- 『오프라 윈프리, 위대한 인생』 에바일루즈, 스마트비즈니스
- 『칼리 피오리나, 힘든 선택들』 칼리 피오리나, 해냄
- 『처칠, 나의 청춘기』 윈스턴 S. 처칠, 청목사
- 『워렌 버핏처럼 부자되고 반기문처럼 성공하라』 서정명, 무한
- 『축구의 메시아 메시』 루카 카이올리, 중앙생활사
- 『안도 다다오』 임채진, 살림출판사
- 『윈스턴 처칠의 뜨거운 승리』 폴 존슨, 주영사
- 『절대 포기하지 않겠다』 제프리 베스트, 21세기북스
- 『내 아이의 미래를 바꾸는 기적의 질문법』 김연우, 코리아하우스
- 『나를 바꾼 그때 그 한마디』 말로 토마스, 여백미디어
- 『하면 된다』 고시바 마사토시, 생각의나무
- 『성공은 쓰레기통 속에 있다』 레이 크록, 황소북스
- 『데일 카네기의 링컨 이야기』 데일 카네기, 더클래식